JM193584

My Note

奇跡が起きる魔法のワーク

YURI

結梨嘉望

「自分のことを好きになれない…」

「お金が欲しいのに、なぜかいつも出ていくばかり…」

「パートナーシップがうまくいかず、いつも孤独を感じる…」

「自分の才能や使命が分からず、人生の迷子になっている…」

「セミナーや講座でいろいろと学んでも、人生が変わらない…」

「これから、どうやって生きていけばいいのか分からない…」

「頑張ってもいつも空回りで、なかなか現実が変わらない…」

こんな想いを持っている「あなた」へ贈ります。

はじめに…

なぜ、このMy Noteを作ったのか？

私に起きた大きな出来事を通して、ある答えに辿り着いたからです。
それはどんな人にも『自分の中に全ての答えがある』ということ。

ほんの少しだけ、私のお話をさせてください。
2020年、愛する夫の突然の他界により、
私は３人の子ども（３歳・５歳・６歳）のシングルマザーとなりました。
亡くなって１週間後、夫には借金が1,400万円以上あることが発覚。
専業主婦の私は、突然、絶望の暗闇に突き落とされました。

その時初めて、自分の人生について真剣に考えました。
「幸せとは何なのか？」
「何のために生まれてきたのか？」

暗闇の中で毎日問いかけ続けて、私はようやく気がついたのです。
本当に大切なものは「目に見えないもの」なんだと。

物やお金は無くなったけど、夫が私たちに与えてくれた笑顔や、
優しい言葉、たくさんの"愛"が心の中に残っていました。

過去の私は「自分には何もない」という不足感ばかりで、
ママ友すら作れなかった引きこもりの専業主婦でした。
しかし、このつらい経験で最後に残るのは"愛"だけなんだと知りました。

そのことに気づくことができてから…、
お金・コネ・才能、何ひとつ無かった引きこもり専業主婦が、

約2年でSNS総フォロワー5万人以上となり、
5,000名以上のママ向けのコミュニティの活動や、
世界各国での講演会開催など、次々と奇跡が訪れるように…

「何でそんなに奇跡ばかり起きるの？」
「人やお金・運に何でそんなに恵まれているの？」
そのことをよく聞かれます。

誤解しないでほしいのは「私だからできた」という訳ではないことです。
私はあなたの人生の脇役であり、ただの事例でしかありません。

つまり「誰でも、どんな時でも、どんな状況でも、どん底だろうと」
あなたが自分と向き合い、愛に気づけたとき、必ず開かれる道なのです。
そのコツとポイントを全てこのNoteに詰め込みました。

「自分と向き合っても意味がない」「もともと運も才能も何も無いから」
そう思ってしまう気持ちはよく分かります。でもそう思う人ほど、
今まで見つけられなかったギフトを見つけるチャンスです！

今の自分と向き合って、本当の自分に会いにいきませんか？

全ての答えは自分の中にある！　その答えを見つけられたとき、
あなたは悩みから解放され、人生にたくさんの奇跡が訪れます。

このMy Noteと共に、
ワクワクしながら、本当のあなたに会いに行きましょう。

私たちはなぜ生まれてきたのか？

何のために生きているのか？

それは誰にもわからない・・・

そこに関心を持った瞬間から、

『自分を愛する』人生がはじまる。

水のように生きる

水は霧のように軽くなり、氷のように固くなり、
時には岩をも砕く強さを持ちます。

さらに、雨となって人や動植物への無限の恵みとなります。

遥か何千万年も前から現在まで、
あらゆる環境で、形や状態を変えて
必要なときに、必要な変化をして…。

本質はそのままで「変化変容」しながら存在しています。

そして、私たち人間も時代の変化とともに、
水のように柔軟に考え方や意識を変えながら
「変化変容」していくことが必要となってくるのです。

ひとつのところに縛られることなく、
その時々の環境で、必要に応じて役割が変化し、
自分の個性を最大限発揮することが大事になってきます。

もう、誰かに合わせたり、
周りの評価を求めて頑張る時代は終わりです。

目に見えるもの（実績・経験・肩書きなど）だけを大事にして、
周りからの評価を気にして生きる時代はもう古いのです。

どうか、変化を恐れないでください。

あなた自身の魅力に気づいて、個性を発揮して表現することで、
あなたの世界はどんどん生きやすくなっていくでしょう。

子どもの頃のように、笑いたいときに笑って、
泣きたいときに泣いて、もっと無邪気に自分を表現しませんか？

手を取り合いながら共に発展拡大し、
循環しながら調和・統合していく時代へ。

「もっと甘えていいんだよ」
「もっと頼っていいんだよ」
「もっと受け取っていいんだよ」

あなた自身が幸せになることに許可をしてあげてください。
もう、不安や恐れに支配される時代は終わりです。

あなたがあなたらしく生きることが、
みんなの喜びとなり、それが財産となっていくでしょう。

何にも縛られず、
水のように軽く楽しく清らかに…、
共に「変化変容」して生きていきませんか？

動画解説

contents

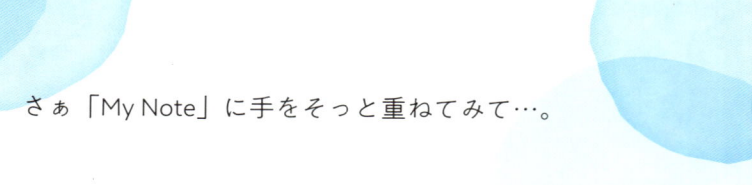

さぁ「My Note」に手をそっと重ねてみて…。

「あなただけのMy Note」として
ゆったりと繋がりを感じてみよう。

『全ての答えはあなたの中にある』

その答えを導くパートナーとして
このMy Noteを最大限活用しよう。

このMy Noteを書き終える頃には、
想像もつかない素晴らしい未来へと変化し始めている。

このMy Noteは他の誰かに見せる必要はなく、
"あなただけのパートナー"として
あなたの本音を惜しみなく表現していこう。

01 好きなペンを用意する

02 お気に入りの場所、
1人になれる場所で書く

03 上手に書こうとせず、
思い浮かんだことを自由に書く

04 書き終えたら俯瞰して
自分の心を感じる

STEP 00

人生好転の法則

循環の法則

「循環」とは、ある状態が変化し、再び元の状態に戻る一連の過程。
エネルギーの循環を水で例えると、海から蒸発した水は水蒸気となり、
雲となって、やがて蓄積され雨雲へと変化し、山から川・海へと流れる。
再び空気中へと蒸発し、雨雲へと変化し雨となり地上へと戻る…。
エネルギー（お金、情報、運、ご縁など）も水と同じように、
姿形を変えながら、ベストな量がベストなタイミングで流れ、
循環を繰り返すことで、全てが良い状態に保たれる。

器があるところに流れてくる

形態は変わるが質量は変わらない

流れがあるところに流れる

たくさんあるところにさらに集まる

「全てのエネルギーは循環している」

ここで言うエネルギーとは、お金やご縁、時間、運、愛などのこと。
そのエネルギーは、水と同じように「高いところから低いところへ」
「強いところから弱いところへ」流れる性質がある。

純度や質の高い「情報・お金・ご縁」などのチャンスに恵まれるためにも
あなた自身のエネルギーを強く高い状態にしておくことが重要。

これらのエネルギーを、自分だけのものにしようとすると、
水の性質と同様、流れを止めてしまうことに。
するとエネルギーは滞り、循環せず腐り濁ってしまう…。
より良いエネルギーが流れてくるあなたでいるためにも、
独占せず、どんどん循環させていこう。

なぜなら、水もお金もエネルギーにも名前が書かれていないように、
与えると無くなるのではなく、あなたを通して循環しているだけ。

循環したエネルギーは、あなたが忘れた頃に「お金」「ご縁」「愛」「運」
などに姿形を変えて"必要なとき"に"必要な量"が返ってくる。
必ず循環して返ってくることを信頼して、
失うことを恐れず、安心して循環させていこう。

動画解説

先出しの法則

前のページで解説した『循環の法則』で最も大事なことは、
循環を待つのではなく「自ら先に出す」ということ。
人生で「お金」や「ご縁」「愛」などの流れを変えたいと望むのであれば、
受け身ではなく、先に出すこと。そこから循環を起こすことができる。
あなたが出したエネルギーは必ずベストなタイミングで返ってくる。
だから今の自分ができる範囲でエネルギー（お金・ご縁・愛・運など）を
先に出す（提供）。すると、後に返ってくるものも大きくなる。

「貧しい人が貧しい理由は、自分のためにしかお金を使わないから。
その人たちに、与える喜びを味わう機会をつくることが托鉢(たくはつ)だ。
貧しさに苦しんでいる人ほど、布施（与えること）をするように」
とお釈迦(しゃか)様は説いている。

あなたが愛が欲しいと願うのであれば、
「あなたから先に」大事な人に愛を与えよう。
もし、あなたがお金が欲しいと願うのであれば、
「あなたから先に」大事な人にお金を使おう。
もし、あなたが時間が欲しいと願うのであれば、
「あなたから先に」大事な人に時間を提供しよう。
もし、あなたがご縁が欲しいと願うのであれば、
「あなたから先に」大事な人にご縁を繋ぐことをしよう。

「あなたが欲しいと望むものこそ、先に与える」

自分から先に出すときの大事なポイントは、
「今のあなたができる範囲の中で最大限のことをすること」

無理なく、今の自分で与えられるものを
"惜しみなく与えてみる"ことが、現実が変わる第一歩となる。

動画解説

原因と結果の法則

現実はとてもシンプルで、あなたが発した言葉、行動、エネルギーが、
巡り巡ってあなたの元へ返ってくる。
ボールを壁に強く投げたら、強く返ってくるように…。
つまり、自分の蒔いた種は、自分が刈り取るという法則である。
だからこそ、ポジティブな現実を創造したいのであれば、あなたの発する
言葉や行動、エネルギーをポジティブなものへと意識することが大事。

自分が放ったものが巡り巡って大きくなって返ってくる

自分が蒔いた種は自分で刈り取らなければならない

「因果」とは、「全ての結果には必ず原因がある」ということ。

善いタネから善い結果が生まれることを、善因善果^{ぜんいんぜんか}
悪いタネから悪い結果が生まれることを、悪因悪果^{あくいんあっか}
つまり、あなたの現実で起きていることには、必ず原因がある。

「私がこんな現実を起こすはずはない」そう思うこともあるだろう。
でも、その望んでいないようなことが起きたときこそ、
現実逃避をせずに、**自分を客観的に見ることがとても大事**である。

「この現実は、"何を"私に教えてくれてるのだろう？」と
俯瞰して考えてみよう。
現実を客観視することで、自分の思い込みや普段の行いが
現実を創っていることに気づくかもしれない。
自分の発する言葉や行動、エネルギーを意識することで、
同じ現実を繰り返すことなく、生きやすくなっていく。

全ての言動は「あなたの心がつくっている」からこそ、
まずは深呼吸をして、心にゆとりを持つことから始めよう。

そして、
良い言葉や良い行い、良いエネルギーを発することを意識していこう。

動画解説

全ては空間に蓄積している

初対面で「この人優しそうだな」「この人怖そうだな」などと
感じたことはないだろうか？ その人の意識や普段からの言動が、
その人の周りの空間にエネルギーとして蓄積されているから。
例えば、水蒸気も目には見えないが、空間に存在しているように。
人は無意識にそのエネルギーを雰囲気として感じ取り、判断している。
つまり、あなたの意識や言動が、空間に蓄積されているからこそ
自分の普段からの意識や言動などを自覚することが大事。

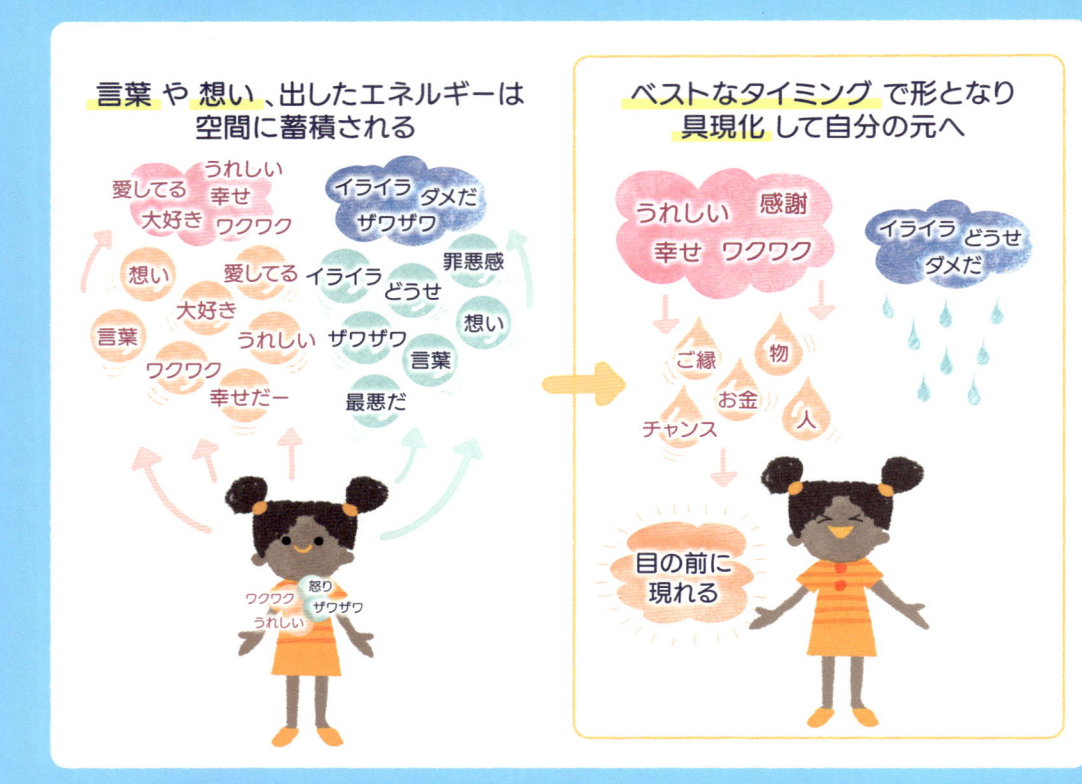

言葉 や 想い 、出したエネルギーは
空間に蓄積される

ベストなタイミング で形となり
具現化 して自分の元へ

「徳を積む」とは、普段の良い言動、つまり「良い行い」のこと、
反対に「悪い行い」を積み重ねることを「業を積む」という。

普段あなたが放つ言葉や想い、感情は空間に蓄積されており、
そのエネルギーは距離や時空間を超えて人の心に届き、共鳴を起こす。

「病気を抱えた方々」を２つのグループに分けて、
"片方のグループだけに祈りを送る"という有名な実験がある。
結果は、祈りを受けたグループの方が圧倒的に良好な数値へと変化し、
祈りを受けた人々は良い結果となった。

つまり、**人の意識や想いは時空間を超え、共鳴し合っているということ。**
そして、見えないところでの行いや言動全てが、
その人の空間に蓄積され、それを「雰囲気」として人々はキャッチする。

さらに、この「徳」や「業」などの行いは"あなただけ"でなく、
実は、その先の子や孫、**７世代先にも影響を与える**とまでいわれている。

望む人生を生きている人ほど、自分のことだけでなく、
後世のことまで考えて、普段からの言葉や行動を徹底的に意識している。
だからこそ、あなたの普段の言葉や行動、考えていることを
意識していくことが、望む未来への第一歩である。

動画解説

感情は人生の羅針盤

感情はあなたの人生の羅針盤であり、未来への選択肢を教えてくれる。

好きか嫌いか、楽しいか楽しくないか。ワクワク？　ザワザワ？

今まで感情に蓋をしてきた人ほど、感情が分からないこともあるだろう。

日々の小さな選択の中で、かすかな本音を聞いてあげることから始めよう。

望む未来へ最短で行くには「本当はどうしたい？」と

常に自分と向き合い、感情を感じようとすること、

あなたの本音を聞いてあげることがとても大事である。

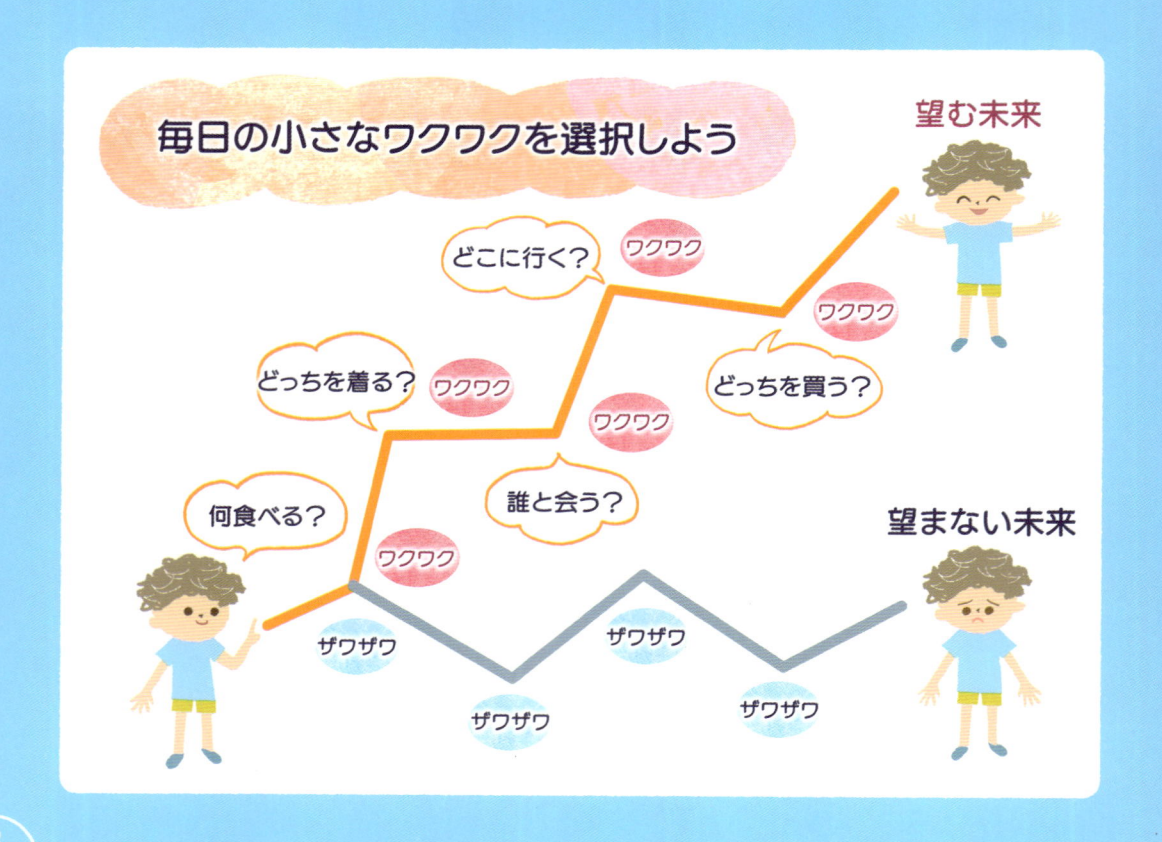

「どっちの服を着る？」「何を食べたい？」「何がしたい？」
「どっちがワクワクする？」「何がトキメク？」
自分の心によーく問いかけてみよう。

ここで注意したいことは、周りの目を気にしたワクワクではなく、
"あなたの心から湧き出るワクワク"に従うということ。
あなたの感情は、あなたにしか分からないから。
だからこそ、正解も不正解もない♪

あなたの心がトキメクもの、ワクワクすること、
喜ぶことを選択することが望む未来への第一歩になる。

もし、ワクワクを選んでもうまくいかないときは、
「他人の夢に憧れて、自分の夢だと勘違いして望んでいた」など
"ダミー"のワクワクの可能性もある。
そして「今がタイミングではない」「ベストな時にうまくいく」と
未来を信じてタイミングを待つことも重要である。

本音が分からないときほど、「一度きりの人生、本当はどうしたい？」
そう何度も心に問いかけてみよう。
『ワクワクはGO』で『ザワザワはNO』。まずは小さな選択を
「ワクワク」で選んでいくことが、望む未来への近道となる。

動画解説

願望実現の法則

①叶った状態を臨場感たっぷりイメージする

→どんな状況？　どこにいる？　誰と一緒にいる？

②それが叶ったときをイメージして感情を味わう

→安心感？　歓喜？　飛び跳ねるくらいの悦び？

③叶ったあなたに対して「周りの人の反応」をイメージする

→「おめでとう」「素晴らしい！」など表情と言葉を具体的に。

そのイメージを持ちながら今できることを全力でする。

イメージして決めると
現実が動き出す

想像

五感・感情を味わい
具体的にイメージ

必要な人・物・
情報・お金が集まり始める

※時差(タイムラグ)が必ずある

その間、目の前の現実を
楽しめるよう工夫する

創造

『想像が現実を創造する』
想像無しでは現実は創造できない。
現実を創造する力、これは人間だけに与えられた唯一の力である。

あなたのペンやパソコンも、誰かが「こういうモノを作ろう」と
想像したことから始まり、現実世界に創造されたモノが目の前にある。
小さな夢も、大きな夢も、想像力無くして創造できない。
つまり、**想像力を磨くことは現実の創造力を高めることと直結している。**

現実の創造力を最大限発揮するために重要なことは、
あなたの五感をフルに使って、
「すでに叶ったかのように、臨場感たっぷりにイメージすること」
そして、その叶ったときの"感情"を、今この瞬間味わい、
叶ったかのように"今を過ごす"こと。

『イメージ × 感情 ＝ 現実創造』

あなたが想像した後に現実が動き出し、必要なご縁、チャンス、
知識、情報、お金などがあなたの元にやってくる。
想像（叶ったときのイメージ・感情）が先で、現実は後から創造される。
焦ることなく、ワクワクしながら
臨場感たっぷり想像することがとても大事である。

動画解説

共振共鳴の法則

『類友の法則』ともいわれ、似たもの同士が引き合うこと。
同じ考え方、生き方、価値観が近いもの同士が無意識に引き合う。
例えば、勉強好きな人には、勉強が大好きな人が集まり、
絵を描くことが好きな人には、絵を描くことが大好きな人が集まる。
逆に、今いる周りの人たちを見ることで、今の自分のことが分かる。
今の現実や自分を変えたいと望むのであれば、周りの環境や、
誰と一緒に過ごすかを選択し直し、変えていくことが重要である。

花にはチョウが集まり
うんこにはハエが集まるように
人も植物も
周波数で引き合っている

同じような考え方・価値観の人同士が共鳴する
似た者同士は自然と集まること

「人生は、人間関係や環境で8割決まる」
つまり、「誰と居るか？」「どんな環境に身を置くか？」で
人生は大きく変わっていく。

理想の人生を歩みたいと望むのであれば、
あなたの理想とする人生を歩んでいる人と一緒にいる時間を増やし、
望まない人生を歩んでいると感じる人とは距離を置くことが重要である。

今あなたの周りにいる人たちは、今までのあなたの考え方や価値観に
共鳴し、引き合ってきた人たち。

今の人間関係や環境に、違和感を感じるのであれば、
一緒に居る時間を短くしたり、環境を変えていくなどの工夫が必要。

「憧れの人のカバン持ちをすることが、人生を変える秘訣」

共振共鳴の法則を知っている人ほど、積極的に憧れの人に会いに行く。
あなたも理想を叶えている人に会いに行くことから始めてみよう。
実際に会うことがベストだが、オンラインでの関わりでも良い。

理想を叶えている人のエネルギーに少しでも触れることで、
共振共鳴が起きはじめ、あなたの人生も大きく変わっていく。

動画解説

どんな想いで行動するか?が大事

「何をするか？」より「どんな想いで行動するか？」が重要。
想いの強さと純度の高さが、望む結果を手に入れる最大の秘訣である。
例えばスポーツでも、喜びとワクワクの中で練習したときと、
イヤイヤ練習したときでは、同じ時間を費やしたとしても、
得られる結果が大きく変わることは分かるだろう。
つまり、良い結果を望むのであれば、
良い想いで行動することが先である。

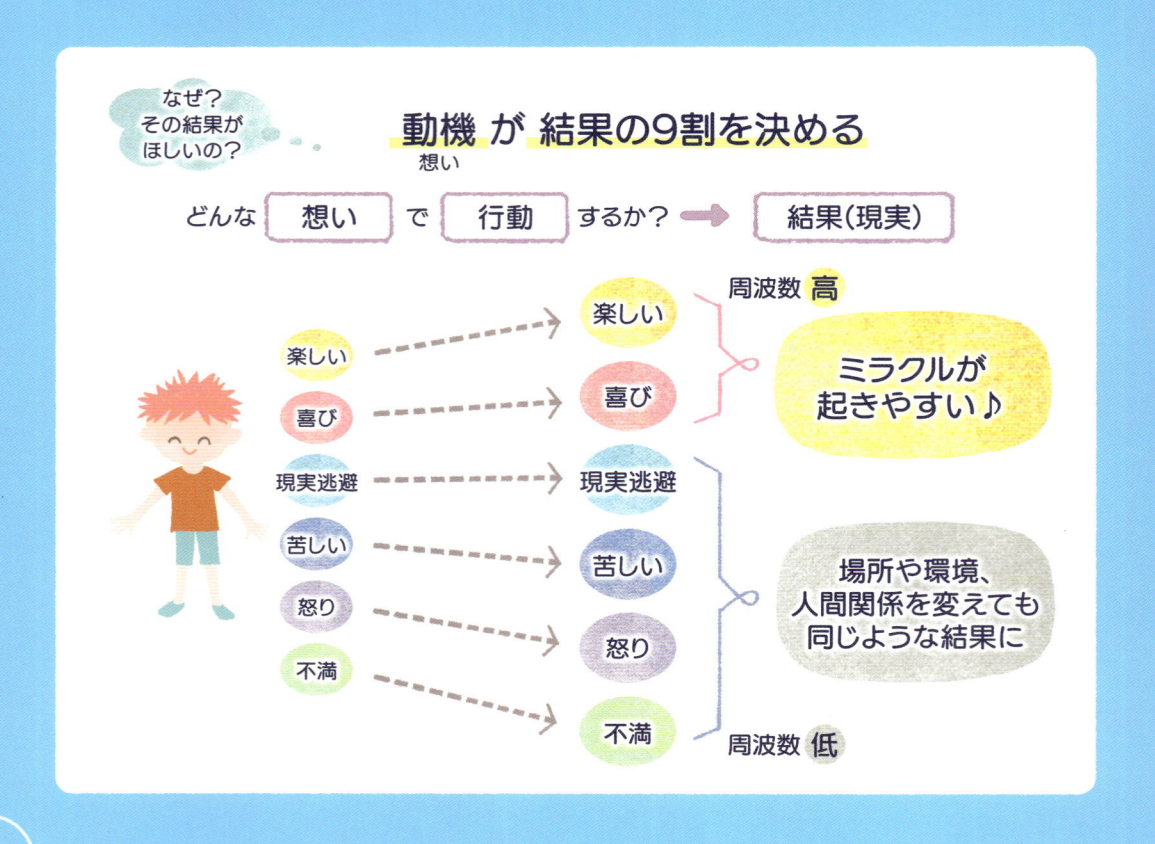

あなたは、不安や恐怖から行動を起こしていない？

例えば、「寂しい（想い）から、パートナーを探す（行動）」と、
パートナーができても、なぜか寂しい想いをする現実が訪れたり…、
将来への「不安と恐れ（想い）から、仕事を探す（行動）」と、
仕事をしていても、なぜか不安に襲われる現実が訪れたりなど…。

つまり、**不安や恐怖からの行動は、不安や恐怖の現実を創造し**
ワクワクする想いからの行動は、ワクワクする現実を創造する。

そして、実は、あなたの純粋なワクワクする想いからの行動は、
周りの人たちも巻き込む影響力を持っている。

「早く行きたければ1人で行け。遠くへ行きたければみんなで行け」
という言葉が残っているように…、
あなたの純度高い想いと、想いの強さに共鳴した人から
あなたの協力者になっていく。
たとえ、今のあなたに実績や経験が無かったとしても…。

「なぜ、それを望むのか？」「なぜ、その行動をしているのか？」
あなたの想いが鮮明であればあるほど、
周りの人の心をも動かし、あなたの未来も大きく動き始める。

動画解説

現実はあなたの心の投影

『現実は写し鏡』であり、現実はあなたの意識や在り方、心の状態を
そのまま映し出す。つまり、現実を見れば自分自身への扱いが分かる。
あなたの「自分の扱い方」＝周りの人の「あなたの扱い方」である。
"あなたがあなたを認めていない"と、"周りの人から認められない"。
どんな自分も受け入れ、認めてあげることで、生きやすい人生になる。
まずは自分に愛を注ぐことが先だということを思い出そう。

自分 への扱いが 周りの人 からの扱い

周りの人はあなたの心の鏡。周りの人からのあなたへの扱いが自分への扱いだと気づこう。

自分が自分に優しくすると
あなたの 世界もあなたに優しくなる

自分が自分に厳しくすると
あなたの 世界もあなたに厳しくなる

あなたは自分のことをどう思い、どう扱ってる？

なぜか、いつも同じような人に批判される。
なぜか、いつもパートナーに浮気をされる…、
なぜか、いつも同じパターンでお金が無くなる…。

『現実＝心の写し鏡』だからこそ、「自分自身をどう扱っているか」が
他者を通して、ダイレクトにあなたへ教えてくれている。

もう自分をいじめるのはやめて『自分の中の自分』と仲良しになろう。

この世界はとてもシンプルで、自分と仲良しになれば、
みんなと仲良しに。自分と仲が悪ければ、みんなとも仲が悪くなる。

優しい世界にしたいなら、とことん自分に優しくなろう。
愛のある世界にしたいなら、とことん自分を愛してあげよう。

あなたが望む世界は、今ここからあなた自身で創造していける。

「どんな自分でもいいんだよ」どんな自分でも受け入れてあげよう。
だって完璧な人間なんて、世界中探してもどこにも居ないから。
自分に優しく、自分に甘く、とことん愛を注いで生きてみて。
「世界はこんなにも優しかったんだ」と気づくから。

優しく愛に溢れる世界を、あなた自身のために創造していこう。

動画解説

私たちはこの世に生まれてくる時に、

どんな人生を生きるか。誰と生きるか。何をして生きるか。

大枠を決めて生まれてきた。

だから本当は「自分が今どうするべきか」全てを知っているんだ。

ただ、それに気づいちゃうと怖いんだよね。

なぜなら、今までの自分を全て否定しちゃうことになりそうだから…。

だからあなたは、気づかないふりをしているだけなんだ。

答えは全てあなたの中にあるから、何度も心の扉を叩いて聞いてみて。

必ず"あなた"が答えてくれる日が来るから。

STEP 01

原点に還るワーク

明日死ぬとしたら？

どんな偉人も身近な人も、そしてあなたも、"必ず"天に還る時が来る。

目を閉じて深呼吸をしながら、大事な人の顔を思い浮かべてみよう。

「今日が、あなたの最期の日だとしたら…？」

最期に大事な人を抱きしめた時、あなたの心に浮かぶ言葉は何だろう？

あなたの大事な人へ「最期のメッセージ」を心を込めて書いてみよう。

「終わり」を意識した時から命の価値を感じることができ、

そして、今ここ、目の前の人も大事にできる。

動画解説

終わりを意識すると 今 という価値 が生きる

終わりを意識

自分の命の価値を感じる
→自分を大事にする

目の前の人の命の価値を信じる
→人を大事にする

有限 だと思うことで 価値を認識しやすい ➡ 自分のことも他人のことも
大事にすることができる

何も意識していない

ずーっと続くだろう

自分の命の価値を感じにくい
→自分を雑に扱いやすい

目の前の人の命の価値を感じにくい
→人を大事にできない

無限 だと思うことで 価値を認識しにくい ➡ 自分のことも他人のことも
大事にしづらい

大事な　　　　　　へ

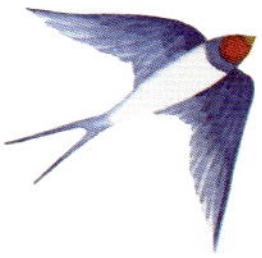

大事な　　　　　　へ

大事な　　　　　へ

あなたの大事なものを思い出そう

あと何回、大事な人の笑顔を見ることができるだろう。

あと何回、大事な人に「愛してる」と伝えられるだろう。

あと何回、大事な人を抱きしめられるだろう…。

どんなことも、始まりがあれば必ず終わりがある。

私たちは毎日必死に生きていると、大事なものをつい忘れてしまう…。

「あなたにとって、本当に大事なものは？」

あなたの人生で、本当に大事なものを大事にしよう。

動画解説

気づいたら大事なものを見失っていることが多い
→手段が目的化してしまっている

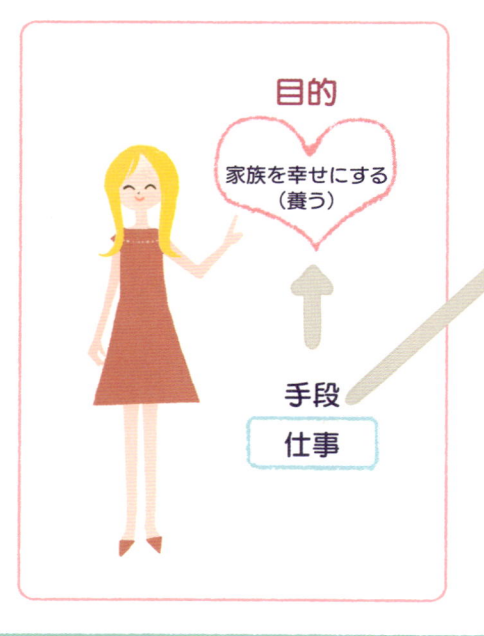

目的

家族を幸せにする
（養う）

手段

仕事

目的

仕事

家族を幸せにする
（養う）

あなたの大事なものは？
気づいたことや感じたことを自由に書いてみよう

"大事なものを大事にするために" 今日から何をする？

例 毎日一回はハグして愛を伝える、離れている親に会いにいく、電話する

大事な人ほど近くにいる。近すぎるからこそ、
その存在が当たり前にならないよう忘れない努力が大切。

あなたの命の軌跡を知ろう

どんな人も、必ずお母さん・お父さんが居たから生まれてきて、
その両親も、必ずお父さんとお母さんが居たから生まれてきて…、
ずっと命が続いてきた、この奇跡の連続の結果こそが「あなたの命」。
つまりあなたは、想像を超える確率でこの世界に生まれ育ってきた。
この命の軌跡を思い出すことで、あなたの命は奇跡だと気づくだろう。
自分に愛を向けることは、ご先祖様へ愛を向けるということ。
Family Treeを通して気づいたことをどんどん書いてみよう。

動画解説

約750〜1000年
30代遡ると

10億人超 の先祖

数十億人の潜在能力が
あなたの中に眠っている

情報　　　DNA

すでにあなたには
すごい大きな
パワーがある

自分を大事にすること＝先祖を大事にすること
自分を傷つけ、否定すること＝先祖を傷つけ否定すること

Family Tree

10代遡れば1,024人、20代遡れば1,048,578人
30代遡ると10億人超えのご先祖様がいる。

あなた

自分を大事にすることは、目の前の人を大事にすること。
なぜなら、遠い先祖の元を辿ればみんな同じ家族だから。

生まれてきた理由を思い出そう

あなたの人生のお役目は『自分の個性を最大限発揮し、表現すること』。
生まれ育った環境や制限されたことの中に、実は才能や個性も隠れている。
それは、**他人と比べるものでもなく、外の世界で探すものでもない。**
だから、焦らないで大丈夫。すでに全てを持っていて揃っているから。
自分を俯瞰し、すでに持っているものからあなただけの個性を探してみよう。
あなたが自分の個性に気づき、その個性を発揮すれはするほど
周りから愛され自分の役割をも気づけるようになる。

動画解説

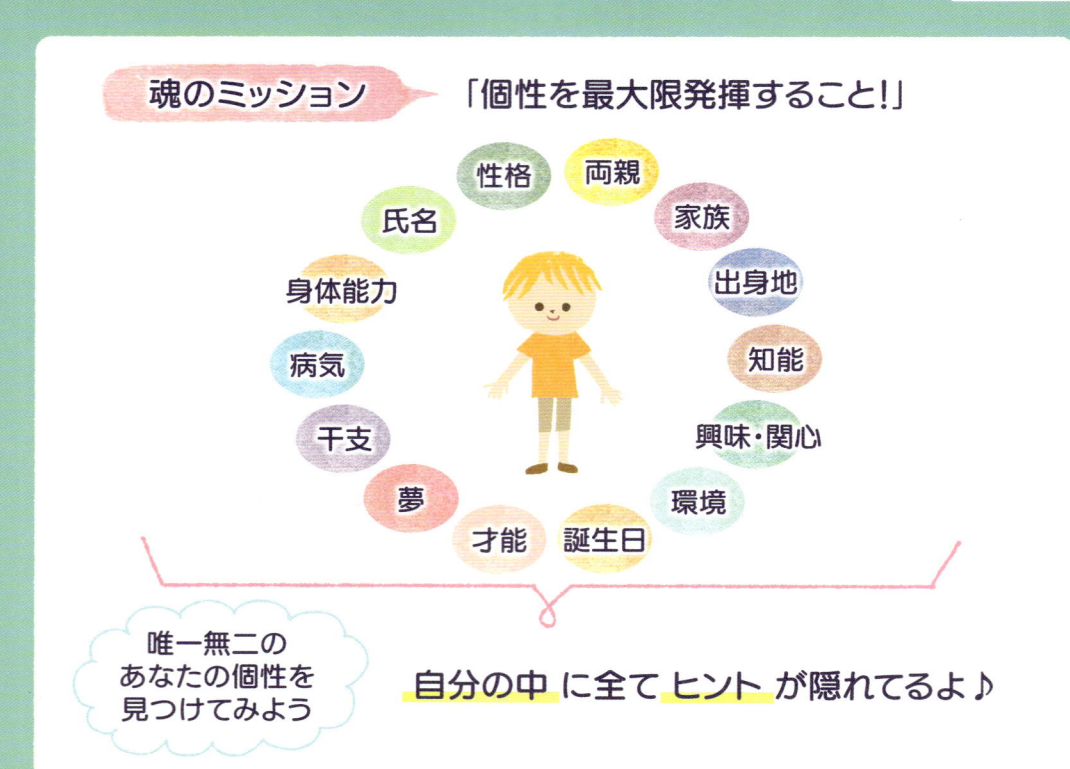

魂のミッション 「個性を最大限発揮すること!」

性格　両親　家族　出身地　知能　興味・関心　環境　誕生日　才能　夢　干支　病気　身体能力　氏名

唯一無二の
あなたの個性を
見つけてみよう

自分の中 に全て ヒント が隠れてるよ♪

あなたがこの世に生まれた日は？

氏名は使命。名前の意味を想像してみよう。

氏名

小さい頃の夢は？

例 お花屋さん、パイロット

小さい頃に憧れた人やキャラクターは？

例 ウルトラマン、セーラームーン

小さい頃から好きなことは？

例 絵を描くこと、歌うこと、友達の歌に集まること

小さい頃によく言われたことは？

例 声が大きいね、踊りが好きだね 落ち着きがない

上記のことを書いてみて、思い出したことや本当はやりたかったことなど
気づきを書いてみよう

例 自分がやりたいことをやりたいだけやる、いつもキレイな服を着てみんなの前で表現したい

**人生のミッションはあなたの個性を最大限発揮すること。
自分を知り、自分をどんどん表現していこう。**

赦す＝“過去”の失敗を責めないこと。

許す＝“未来”への行為を許可すること。

恨んでもいい、悔やんでもいい。他者を赦せなくてもいい。

でも、『それがあったお陰で今の自分がある』と、

“赦し”ができたときに、あなたの器がさらに大きくなる。

その赦した数だけ、さらに大きなチャンスやご縁、

運やお金がその器に入ってくるようになる。

『赦せない自分を許してあげること』が、

次のステージに行く第一歩である。

STEP 02

解放ワーク

過去の傷を癒やそう

今起きているトラブルや、いつも悩んでいることの原因の種は、
「過去の傷」が癒えていないから起きていることが多い。
"本当は傷ついていた"のに…見て見ぬふりしていない？
"本当は悲しかった"のに…その気持ちを無視して我慢していない？
その時の「本当は言いたかった心の底の想い」に気づいてあげよう。
怒りの下にある「悲しみ」や「寂しさ」に向き合うことや、
その傷ついた心を癒やすことが、望む未来への近道へとなる。

動画解説

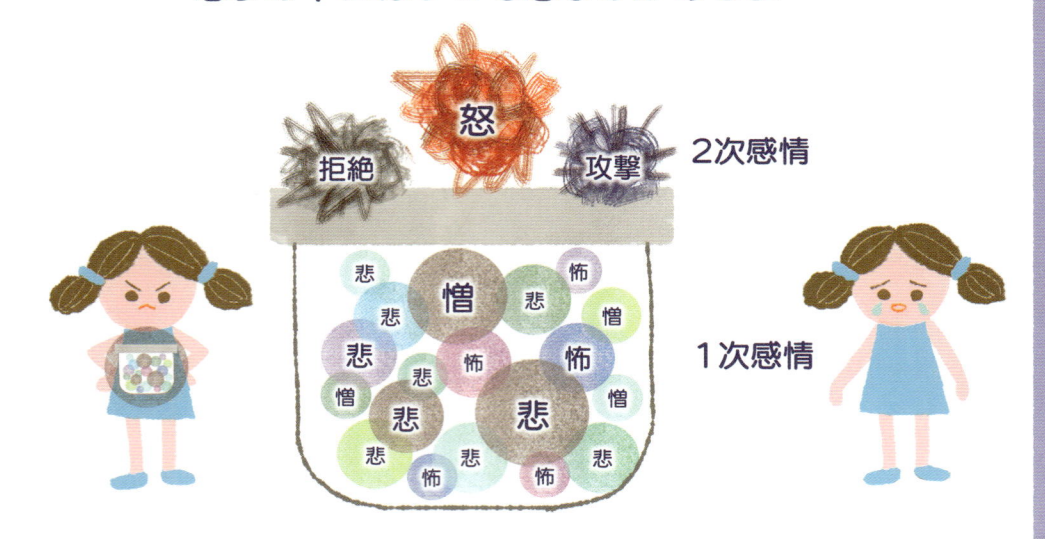

悲しみの下に思い込みがある
過去の傷が癒やされてないから
触発されてその時の感情がフラッシュバックして怒りとなる

イライラすることを深掘りしてみよう

怒り・イライラ・ムカつき

例 夫がいつも話を聞かない、家庭内での会話が少なくなった

→

根底にある悲しみ寂しさを探そう

例 小さい頃、お父さんに目を見て話を聞いてもらえなくて悲しかった

↓

本当はどうしてほしかった？　何て言ってほしかった？

例 ほんの少しでもよいから、自分の話を聞いてほしかった。うんうん、そうだったんだね！とただ話を聞いてほしかった。いっぱい褒めてほしかった。

怒り・イライラ・ムカつき

→

根底にある悲しみ寂しさを探そう

↓

本当はどうしてほしかった？　何と言ってほしかった？

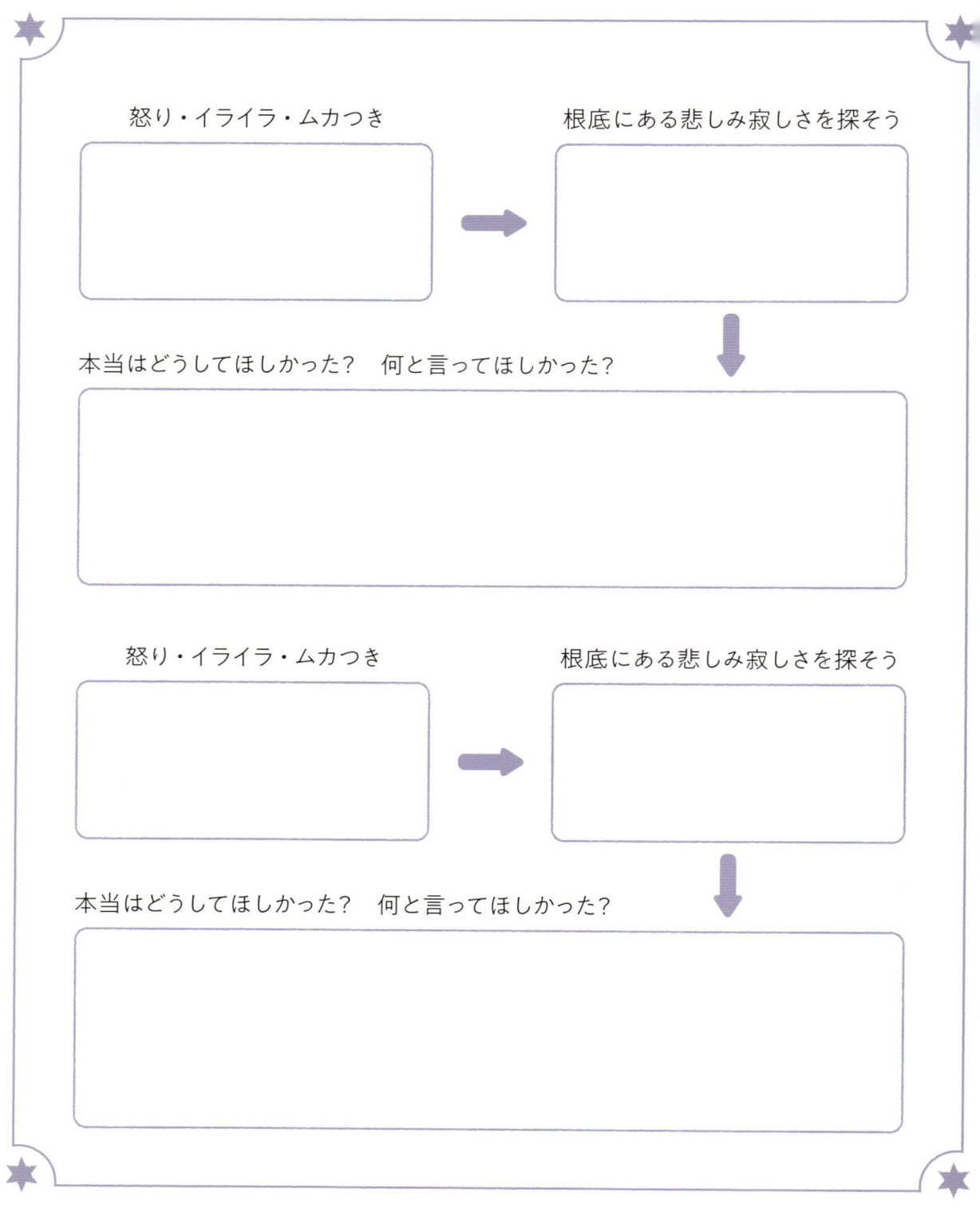

怒り・イライラ・ムカつき

根底にある悲しみ寂しさを探そう

本当はどうしてほしかった？　何と言ってほしかった？

怒り・イライラ・ムカつき

根底にある悲しみ寂しさを探そう

本当はどうしてほしかった？　何と言ってほしかった？

その痛みに気づけたら、
自分自身をギューっと抱きしめるイメージで
「つらかったね。悲しかったね。もう大丈夫だよ」
と声をかけて癒やしてあげよう。

人生のミッションはあなたの個性を最大限発揮すること。
自分を知り、自分をどんどん表現していこう。

魅力に書き換えよう

事実は1つ、解釈は人の数だけある。
短所だと思い込んでいて、それをダメだと信じ込んでいる自分がいる。
あなたが短所だと思っていることは、他人から見たら羨ましいことかも。
つまり、本来は長所や短所という概念はなく、
それを「どう捉えるか？」「どの側面を見るか？」で変わっていく。
「良い」「悪い」の判断は、他者ではなく自分の捉え方次第。
短所だと思っていたことが長所になったとき、魅力にも変わる。

動画解説

短所と長所は表裏一体
事実は1つ、解釈は人の数だけある

表裏一体
長所 短所

明るい性格
→ 賑やか
→ うるさい

もの静かな性格
→ 落ち着く
→ つまらない

意志が強い
→ しっかりしている
→ 頑固

細かい性格
→ 丁寧
→ 神経質

タイミングや環境、相手によっても
長所にもなり短所にもなる

短所を、長所として変換してみよう

短所だと思っていること

例 せっかち

→

長所や魅力として捉えると

例 時間を大事にしている、即決断、即行動できる

短所だと思っていること

例 飽きっぽい

→

長所や魅力として捉えると

例 好奇心旺盛 新しいことへのチャレンジが好き

短所だと思っていること

→

長所や魅力として捉えると

短所だと思っていること

→

長所や魅力として捉えると

短所だと思っていること

→

長所や魅力として捉えると

短所だと思っていること

→

長所や魅力として捉えると

短所だと思っていること

→

長所や魅力として捉えると

短所だと思っていること

長所や魅力として捉えると

短所だと思っていること

長所や魅力として捉えると

短所だと思っていること

長所や魅力として捉えると

短所だと思っていること

長所や魅力として捉えると

短所だと思っていること

長所や魅力として捉えると

短所だと思っていること

長所や魅力として捉えると

短所だと思っていること

長所や魅力として捉えると

短所だと思っていること

長所や魅力として捉えると

短所だと思っていること

長所や魅力として捉えると

短所だと思っていること

長所や魅力として捉えると

短所だと思っていること

長所や魅力として捉えると

自分を俯瞰してみて気づいたことは?

思い込みや捉え方次第で過去も未来も全て変わる

自分を赦そう

自分を否定したり、責めてしまう時はどんな人にもある。
真面目な人ほど、自分を責めて苦しくなる。
「こんな自分ではダメだ」「もっと〇〇しなきゃ」など…。
実は、直感やひらめきは力が抜けて心が軽くなったときにやってくる。
そしてその直感やひらめきこそが、望む未来への道標となる。
どんな自分も赦して緩むことが、自分と周りの幸せに繋がる。

動画解説

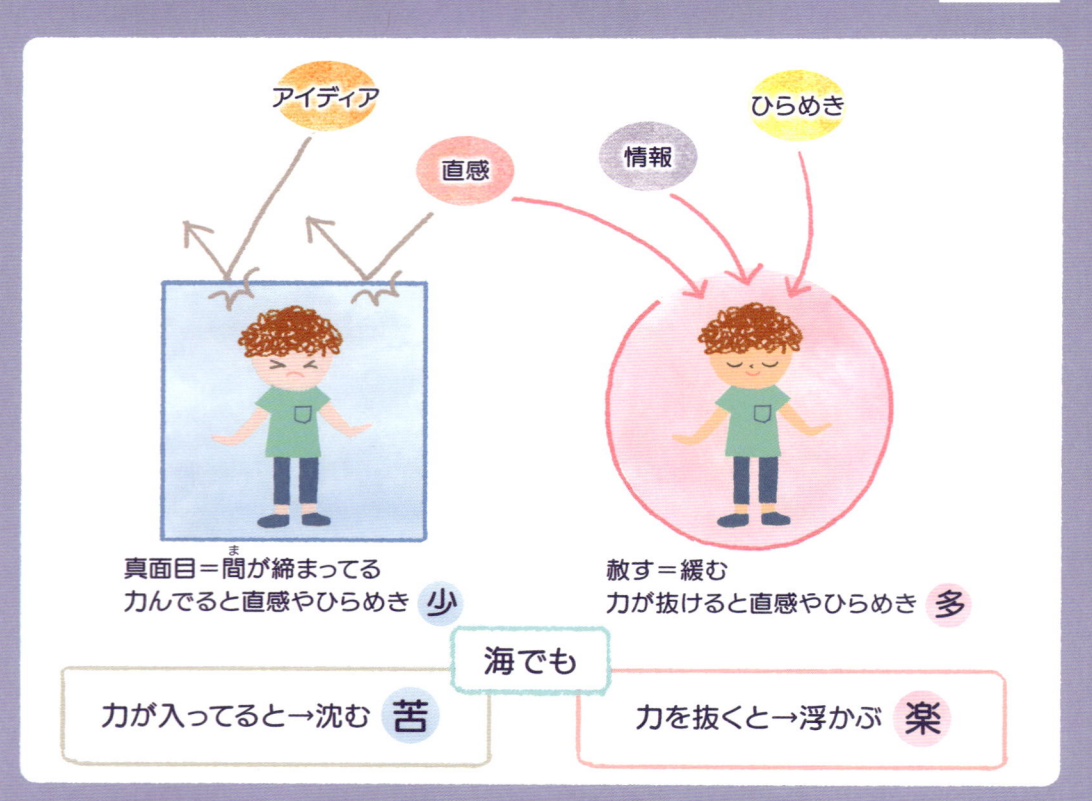

自分を責める気持ちを赦して緩もう

どんなときに自分を責めちゃう?

例 仕事に時間がかかったとき、要領が悪い自分

どんな思い込みが隠れてる?

例 仕事が遅いと人に認められない 仕事が遅いと能力がない

どんな捉え方だと心が軽くなる?

例 丁寧な仕事ができてる私はえらい! 仕事に想いが込もっている!

どんなときに自分を責めちゃう?

どんな思い込みが隠れてる?

どんな捉え方だと心が軽くなる?

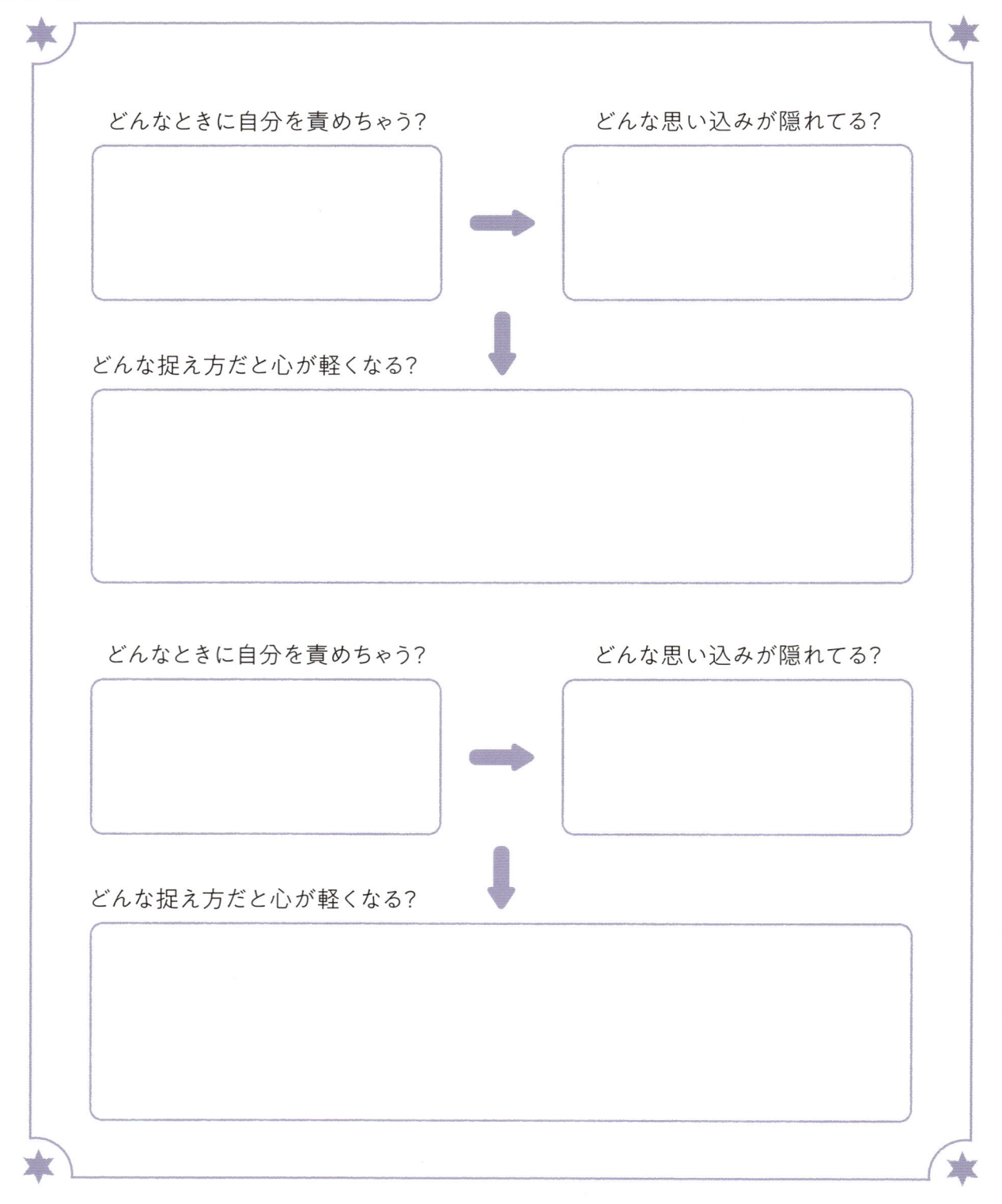

どんなときに自分を責めちゃう？

どんな思い込みが隠れてる？

どんな捉え方だと心が軽くなる？

どんなときに自分を責めちゃう？

どんな思い込みが隠れてる？

どんな捉え方だと心が軽くなる？

どんなダメダメな自分でもいいんだよ。
腹黒くても嫉妬しちゃっても憎んでも…、
大きく深呼吸してどんな自分も赦してあげてみて。

ネガティブな感情を手放す方法

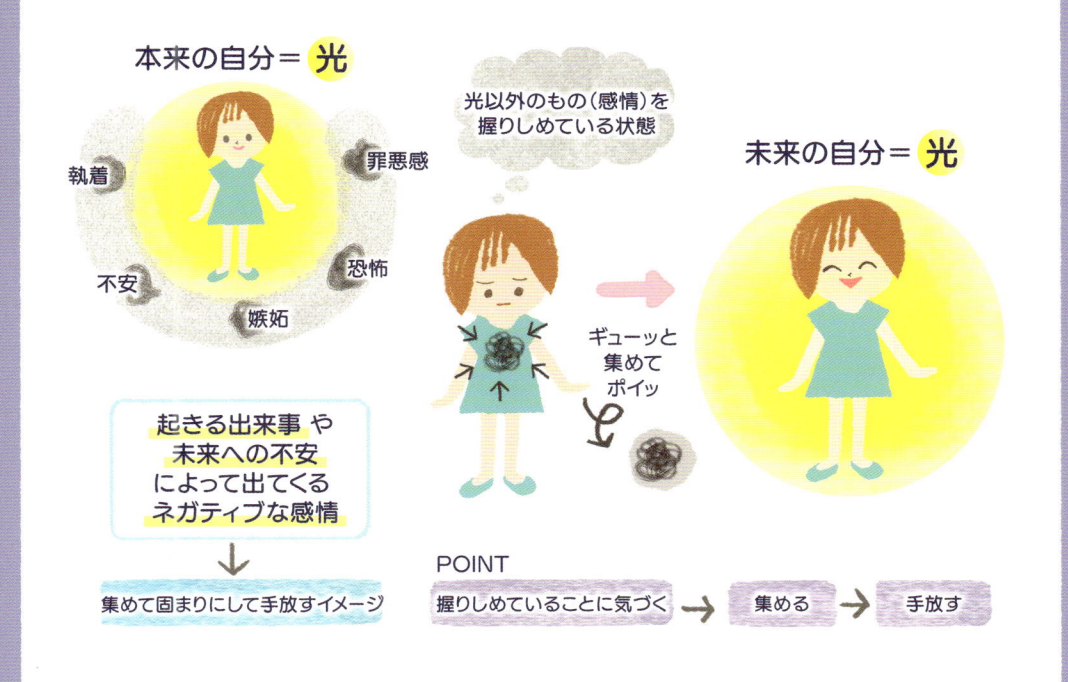

本来の自分＝光

執着
罪悪感
不安
恐怖
嫉妬

光以外のもの（感情）を
握りしめている状態

未来の自分＝光

ギューッと
集めて
ポイッ

起きる出来事 や
未来への不安
によって出てくる
ネガティブな感情

↓

集めて固まりにして手放すイメージ

POINT
握りしめていることに気づく → 集める → 手放す

お陰様に変換しよう

今まで出逢った人、これから出逢う人も皆あなたにとって必要な人。
時には、嫌だなと思う人や、深く傷ついた思い出のある人さえも、
長い目で見れば、あなたに気づきや学びを与えてくれた登場人物。
「ありがとう」なんて言わなくていい。言えなくたっていい。
でも、今のあなたがいるのは、"あの経験があったから"なのかも…、
そう思えることで、苦しかった過去もギフトへと変わっていく。

動画解説

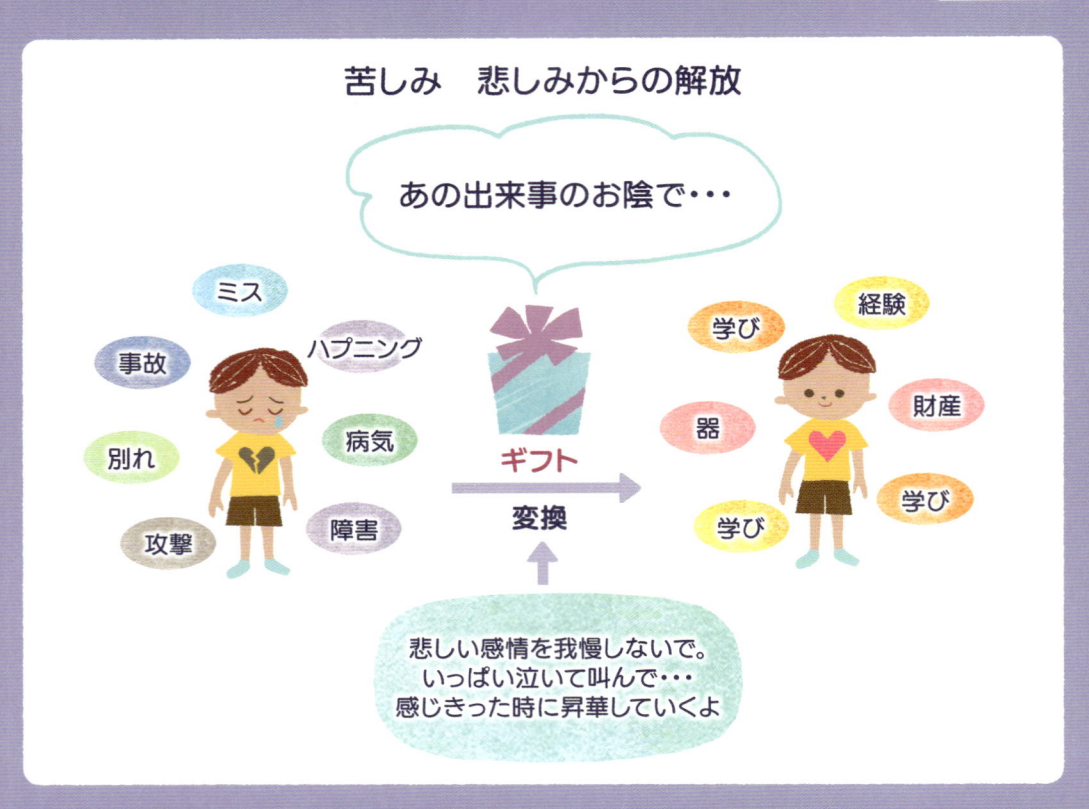

苦しかった経験の中から、お陰様の種を探そう

嫌だったこと・悲しかったこと | どんな学びになった？

> **例** 小さい頃、仲間はずれにされたこと

➡️

> **例** こんな悲しい気持ちになるんだと気づいた。自分は優しくありたいと思った。

嫌だったこと・悲しかったこと | どんな学びになった？

➡️

嫌だったこと・悲しかったこと | どんな学びになった？

➡️

嫌だったこと・悲しかったこと | どんな学びになった？

➡️

嫌だったこと・悲しかったこと | どんな学びになった？

➡️

嫌だったこと・悲しかったこと   どんな学びになった？

嫌だったこと・悲しかったこと   どんな学びになった？

嫌だったこと・悲しかったこと   どんな学びになった？

嫌だったこと・悲しかったこと   どんな学びになった？

嫌だったこと・悲しかったこと   どんな学びになった？

大きく深呼吸して、
風船の中に今までの全ての感情を吹き込んで
風船の口を結んで飛ばしてみよう。
気が済むまで何度もやってみよう。

自分を俯瞰してみよう。
今どんな気持ち？　思ったことを自由に書いてみよう

喜び＝人から与えられたことでの"よろこび"

悦び＝自分の中から湧き上がる"よろこび"

歓び＝願いが叶ったときの"よろこび"

慶び＝お祝いのときに表現する"よろこび"

自分の悦びが他者の喜びに変わるとき、人は幸せと生きがいを感じる。

つまり、自分だけの悦びよりも、他者と喜びを共有できることを

増やしていくと、人生がより充実し、発展していく。

この繰り返しがご縁やチャンス、お金の循環に変わる。

まずは自分の悦びを見つけて、他者の喜びになる形を見つけてみよう。

STEP 03

現在ワーク

「ライフマップ」現在地を知ろう

「あなたの人生が、1本の映画だとしたら…？」
このワークで、自分の人生を改めて客観視してみよう。
あなたは人生のハプニングを通して「どんな自分も愛されている」
「何があっても大丈夫」ということを経験したいのかも。
今もし先が見えなくても、苦しいと感じていたとしても長い目で見たら、
全ての経験はあなたの人生を彩る映画のワンシーン。
今の経験は、何を学ぼうとしているのか客観視してみよう。

動画解説

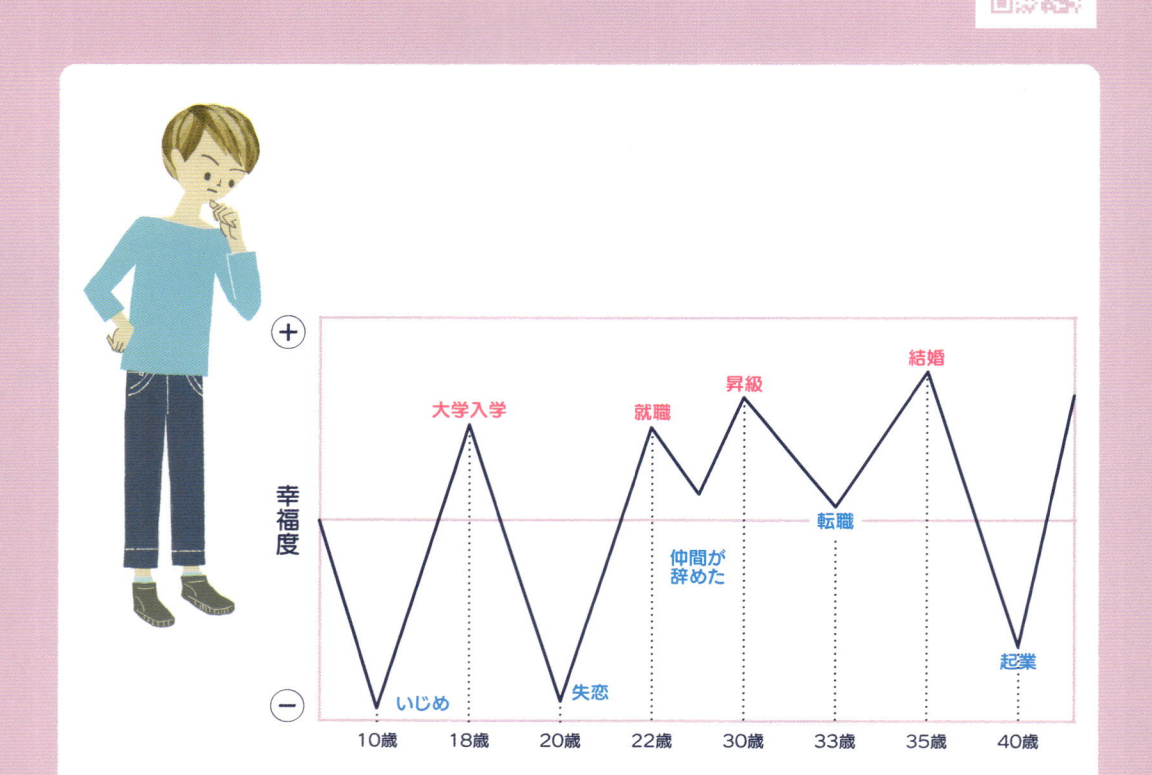

人生の分岐点やハプニングを棚卸ししてみよう
（うれしかったこと・悲しかったことなど）

例 学級委員長になった。

希望していた会社に入社できた。

あなたの人生のライフチャート

(+)

幸福度

(−)

気づいたことや、感情など感じたことをどんどん書き込んでみよう

運が良いことを思い出そう

叶ったこと、シンクロニシティを書いてみよう

例 突然の臨時収入があった。憧れの人に偶然、電車の中で会えた！

最近あったうれしいこと

素敵な言葉を集めよう

良い言葉は、人生を変える

言われてうれしかった言葉リスト

例 あなたがいるだけで元気になるよー！　ありがとう

気分が上がる言葉リスト

アファメーション

好きな言葉・フレーズを使って、自分だけの特別な言葉を作ろう
毎日その言葉を繰り返し言うことで、その言葉があなたの人生のお守りになる

例 大丈夫、全てはうまくいっている

落ち込んだ時ほどこのことを思い出して声に出してみて
『やっぱり私は運が良い♪』
『大丈夫、全てはうまくいっている♪』

自分を俯瞰して、今感じたことを自由に書いてみよう

自分がイキイキしている時を知ろう

自分らしく生きているとき＝イキイキと輝いてる状態。
自分らしく生きられてないとき＝苦しい状態。
自分のことが大好きで、どんな自分も楽しめている時ほど、
仕事も人間関係も、不思議とスムーズに生きやすくなっていく。
「あなたが自分を最大限表現できているときはどんな時？」
ワクワクして行動すると、人生は望む方向へ進みやすくなる。
自分を俯瞰して、あなただけのワクワクのヒントを見つけよう。

動画解説

ワクワクで行動すると全てがうまくいきやすい♪

時空間を超えて過去の感情と共鳴しよう！

あなたが輝いてる時、楽しい!と思うのはどんな時?

💛 どんな時に心がワクワクする?

💛 どんな時に心が熱くなる?

💛 どんな時にやる気が出る?

💛 どんな時に心が躍る?

💛 どんな時に自信が溢^{あふ}れてくる?

💛 どんな曲を聴くとワクワクする?

好きなこと

好きな人、好きな物、好きな曲、好きな場所、好きな色など…

例 旅行すること、素敵な景色を見ること、カラオケで歌うこと、

客観的に自分を分析してみよう

嫌いなこと

苦手な人、苦手な物、苦手な曲、苦手な場所、苦手な色など…

例 気が乗らない飲み会に参加すること、愚痴ばかり言う人

客観的に自分を分析してみよう

得意なこと

心地よくできること、夢中になれること、頑張らずにできること…

例 文章を書くこと、言葉で伝えること

客観的に自分を分析してみよう

苦手なこと

やること自体に苦を感じること、後回しにしてしまうこと、やりたくないこと

例 人前でしゃべること、お金の計算

客観的に自分を分析してみよう

好きや得意で循環を起こそう

「あなたの悦び」が「他者の喜び」になることが仕事となっていく。
お金もご縁も運も、全て「人」が運んでくるものだからこそ、
自分の悦びの中で、他者に喜んでもらえたことを思い出してみよう。
好きなことで経済的にも精神的にも豊かになる最大の秘訣は、
あなたがあなたの価値を最大限に自覚し、それを提供すること。
喜んで受け取ってくれる人（感謝の数）が増えていくことで、
その循環が拡大し、お金やご縁として大きく返ってくる。

動画解説

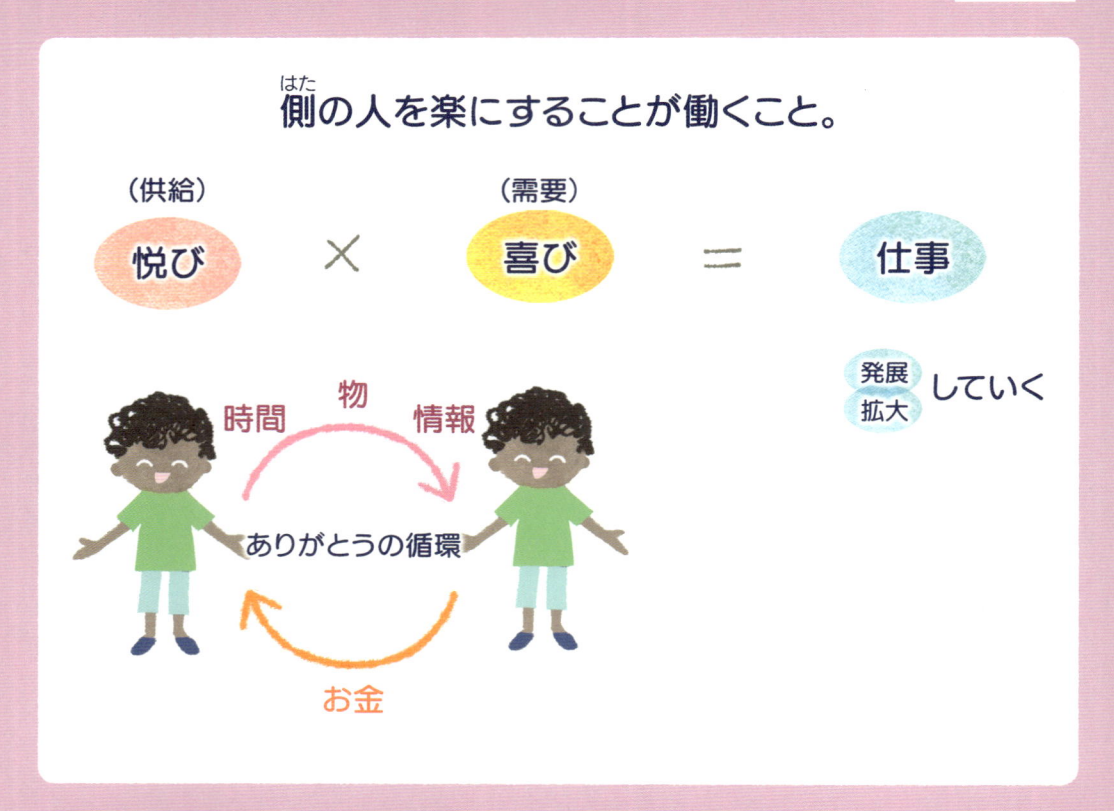

側（はた）の人を楽にすることが働くこと。

（供給）悦び × （需要）喜び ＝ 仕事

発展 拡大 していく

時間 物 情報

ありがとうの循環

お金

好きや得意なことで、周りに喜んでもらえてることを探ろう

🔹 **無我夢中になっちゃうことは?**
例 知らないことを徹底的に追求してしまう

🔹 **いつもどんなときに喜んでもらえる?**
例 自分で調べたことをうまく人に説明できたとき

🔹 **いつも褒められる行動は?**
例 人があまり知らないことを詳しく知ってると言われる

🔹 **頼まれなくてもやっちゃうことは?**
例 知らないと言われると詳しく教えたくなる

🔹 **お金を払ってでもやりたいことは?**
例 みんなが知らないことを分かりやすく教えること

🔹 **やってもやっても疲れないことは?**
例 たくさんの情報を集めたり本を読むこと

🔹 **小さい頃から好きで今も好きなことは?**
例 宇宙の本を読む。宇宙のことを調べて新しい発見をする

これまで「経験」したことや「熱中」してきたことは?

あなたの「好きなこと」で「人の喜び」になりそうなことは?

自由に書いて
みよう

自分の仕事の特性を知ろう

あなたは経営者・タレント向き？　研究者・サポーター向き？

Q. 教えることが好き？
YES or NO

Q. 人とのコミュニケーションが好き？
YES or NO

Q. チームで協力することが好き？
YES or NO

Q. お客様の対象は大人数がいい？
YES or NO

Q. 人をサポートすることが好き？
YES or NO

Q. 単純作業が好き？
YES or NO

Q. 仕事場所に縛られるのは苦手？
YES or NO

Q. 自己表現は好き？
YES or NO

Q. 考察や深掘りするのが得意？
YES or NO

Q. 人前に立つことに悦びを感じる？
YES or NO

Q. 目標を立てるのが好き？
YES or NO

Q. 積極的にリスクを取るタイプ？
YES or NO

Q. 新しいアイディアを出すことが得意？
YES or NO

Q. 勉強や資格を取ることが好き？
YES or NO

Q. 決断は早い？
YES or NO

YES or NOそれぞれ何個あったかな？

YESが7個以上の人は経営者・タレント向き、NOが7個以上は研究者やサポーター向き

結果から、自分の特性を客観的に見て気づいた事をメモしよう

直感を磨こう

直感とは第六感のこと。五感が研ぎ澄まされたときに第六感が開花する。
五感とは「視覚・聴覚・嗅覚・味覚・触覚」のことを言う。
今この瞬間を生きること（感じきること）で、五感が敏感になる。
五感が敏感になればなるほど、直感も敏感になる。
直感が研ぎ澄まされればされるほど、違和感にも敏感になり、
今の自分にとって、何が不要で何が必要か判断できるように…。
つまり、直感を磨けば磨くほど、望む未来への道標となる。

動画解説

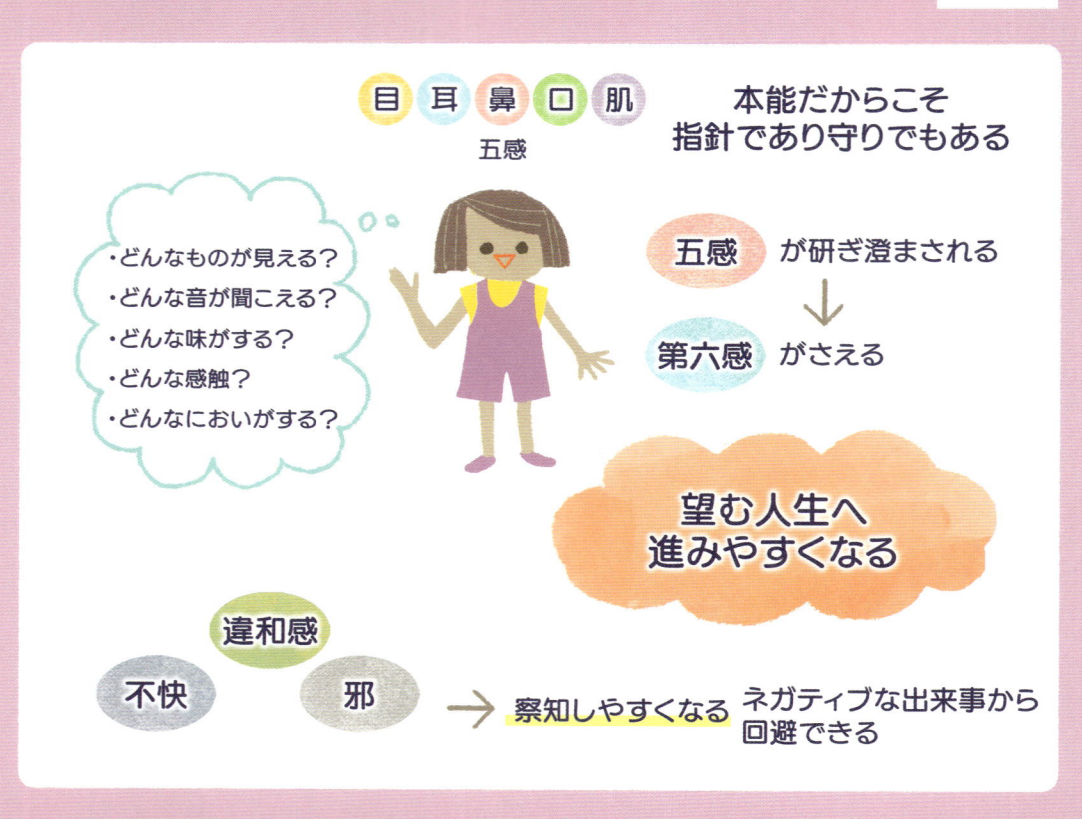

目 耳 鼻 口 肌
五感

本能だからこそ
指針であり守りでもある

・どんなものが見える？
・どんな音が聞こえる？
・どんな味がする？
・どんな感触？
・どんなにおいがする？

五感 が研ぎ澄まされる
↓
第六感 がさえる

望む人生へ
進みやすくなる

違和感
不快　邪
→ 察知しやすくなる　ネガティブな出来事から回避できる

毎日毎瞬感じてみよう

今触っているものは？　その感覚は？

どんな音が聴こえる？

どんな香りがする？

どんな空気感？　温かい？　冷たい？

どんな味がする？

座ってる椅子の感覚は？

感じる力を高めることで、望む未来へ進みやすくなる。
今を感じていることを言葉にする習慣をつけていこう。
今、感じるままに書いてみよう

手放すこと（もの）を決めよう

本当は手放したいけど…見て見ぬふりしていることはない？
今いる環境、人間関係、持っているもの、思い込み、仕事（内容）を
手放すことによって、身軽なあなたになり、現実が変わっていく。
《外側》場所、環境、物、人など
《内側》考え方、意識、時間の使い方
いつまでに何を手放すか？　その空いた空間に新しいご縁や
仕事、お金など、あなたにふさわしいものがやってくる。

動画解説

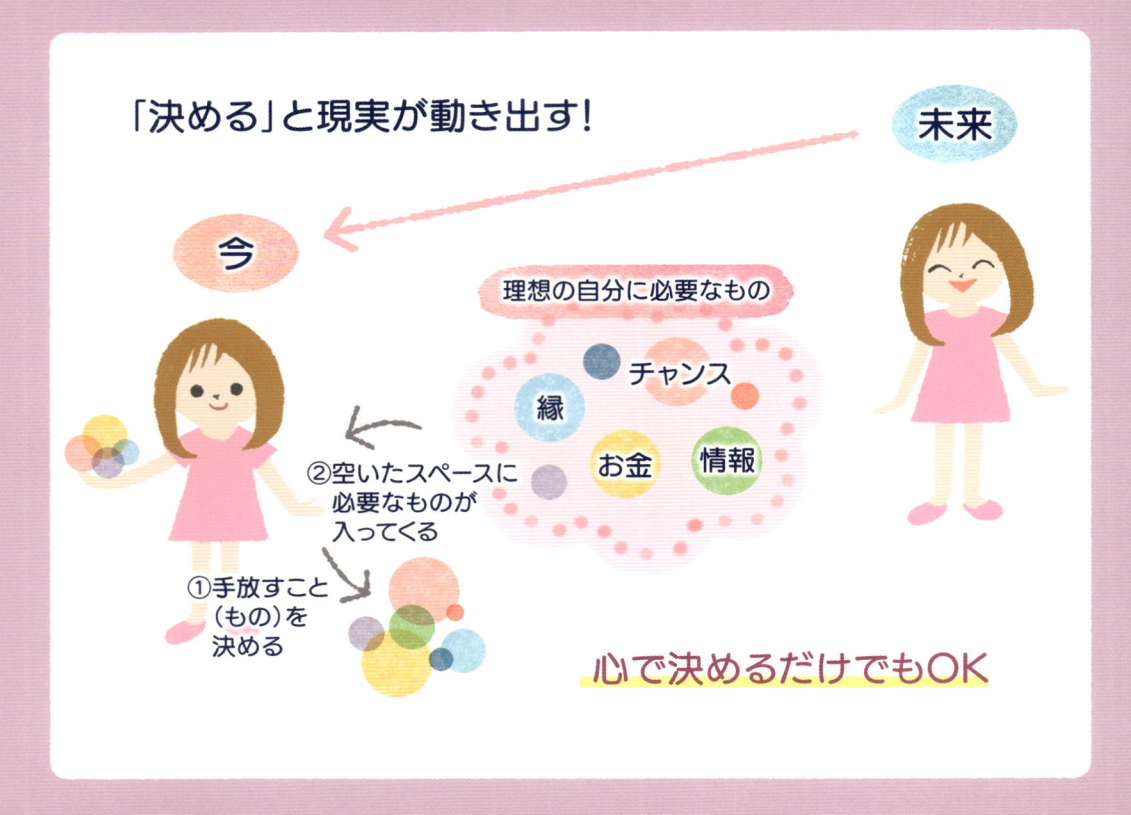

「決める」と現実が動き出す！

未来

今

理想の自分に必要なもの

チャンス

縁

お金　情報

②空いたスペースに
必要なものが
入ってくる

①手放すこと
（もの）を
決める

心で決めるだけでもOK

本当は手放したいこと・ものは?

例 ムダ遣いをしてしまうクセ

なぜそれを手放したいのか?

例 後悔するから。お金の浪費が増えるから

手放すために
今日からできることは?

01 例 なぜ欲しいのか?を考えて明確な答えが3つ出たときのみ買う

02 例 1週間で使うお金の額を決めておく

03 例 買う前に家の中のもので手放すものを「2つ」以上決めて買う

手放せない理由は?

例 ストレスで使ってしまう

本当は手放したいこと・ものは?

なぜそれを手放したいのか?

手放すために
今日からできることは?

01

02

03

手放せない理由は?

本当は手放したいこと・ものは？

なぜそれを手放したいのか？

手放すために
今日からできることは？

01

02

03

手放せない理由は？

本当は手放したいこと・ものは？

なぜそれを手放したいのか？

手放すために
今日からできることは？

01

02

03

手放せない理由は？

怖いはGO!

ワクワク×ドキドキ

小さな一歩が
とんでもない最高の未来に
あなたを連れていってくれるよ

「怖い」を「勇気」に変えよう

手放すと決めることやチャレンジは、どんな人も怖いと感じるだろう。
なぜなら、今まで居た安全地帯から抜け出すことでもあるから。
手放すことで大きく変わることを知っているからこそ、葛藤もあるはず…。
ほんの一歩でいい。自分を信じてみよう。自分の未来を信じてみよう。
半年後、1年後「大丈夫だった」と思えるときが"必ず来る"から…。
怖さと向き合った数、その"小さな一歩の繰り返し"こそが、
想像を超える最高の未来へと、あなたを導いてくれるよ。

動画解説

過去 / 今 がある / 望む未来へ

自転車乗れた
人前で話せた
本音を言えた!
合格できた
告白できた
1人で知らない所に行くことができた

怖いけど GOしたからこそ

人前に立つ
独立
引っ越しする
仕事辞める
離婚する

怖いけど GOしたら・・・

HAPPY♥

怖いをGOしてうまくいったことを書いてみよう

勇気出して告白した、怖いけどお父さんに本音を言えた
ダメ元で受験にチャレンジして合格できた、
少し高いけど欲しいものを買った　など

どんな人にも平等に与えられている"時間"

『時間＝命』

どんな選択・行動をするかで人生は大きく変わる。

どんな裕福な人も貧しい人も、唯一平等なのは"時間"のみ。

つまり、『24時間をどう使うか？』を、

どれだけ真剣に考えているか。

会いたい人に"しか"会わない。行きたいところに"しか"行かない。

うれしいこと"しか"しない。笑顔になること"しか"しない。

今日からどんな時間（命）の使い方をする？

STEP **04**

未来の設定ワーク

妄想して本音に気づこう

この人生は一度きり。あなたは"本当は"どうしたい？

「何の制限もないとしたら…」「生まれ変わるとしたら…？」

頭の中は自由だからこそ、制限の枠を外して妄想を楽しんでみよう。

現状がどうであれ、まずは意識の中で"制限を外してみる"と、

不思議とワクワクしたり、ニヤニヤしてこの瞬間が楽しくなるはず…。

頭の中で制限を外すことは、今この瞬間からできること。

その妄想の中から理想の未来と自分の本音が見えてくる。

動画解説

まずは頭の中だけで
枠（制限）を外すことが理想の未来への第一歩

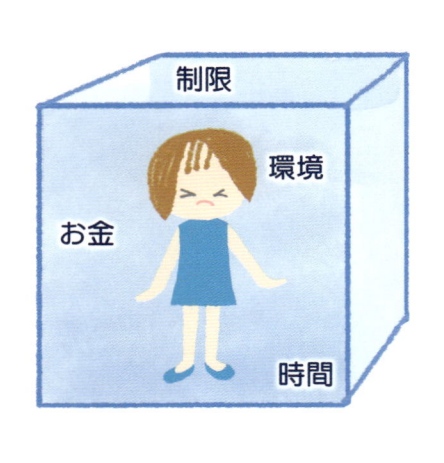

制限

環境

お金

時間

こんな所に
住みたい

こんな所に
行きたい

こうなったら
うれしい

こんな人と
出会いたい

こんな
仕事がしたい

もしも生まれ変わったとしたら…

お金の制限が無かったら?

例 大きな家に住む

時間の制限が無かったら?

例 南の島に行く

何の制限も無かったら何をしたい?
どんな場所で、誰と居る?どんな風景?

例 海の見える南の島で大きな家に家族みんなで住んでいる

遠慮なく自由に
書いてみて♪

どんどん妄想して、叶えたいことを書き出してみよう

住みたい場所、欲しいもの、挑戦してみたいこと、
習い事、美容や自分磨き、味わってみたい気持ちなど

叶ったときの感情を感じてみよう

夢が叶う最大の秘訣は、叶った場面を臨場感たっぷりにイメージし、
叶ったときの感情を「今ここ」で思いっきり感じきること。
さらに、そのときの周りの人の表情や風景などを、より具体的に
イメージして、その反応から得た感情も思いっきり感じてみよう。
どんな風景？　どんな服装？　周りの人はあなたに何と言っている？
夢が叶ったかのように振る舞い、感情を先に味わうことが、
望む未来へと辿り着く最短の道となる。

動画解説

想像力を最大限に活用しよう!!

①リアルなヴィジョン

臨場感たっぷり
イメージ！

五感を使って
イメージしてみて♪

②叶ったときの感情

ワクワク？
安心感？　高揚感？

ハートに手を当てて
感情を感じてみて

③周りの人の反応

周りの人は何と言っている？
どんな反応？

やるねー♪　スゴイ!!　さすが!!　おめでとう!!

具体的にイメージして♪

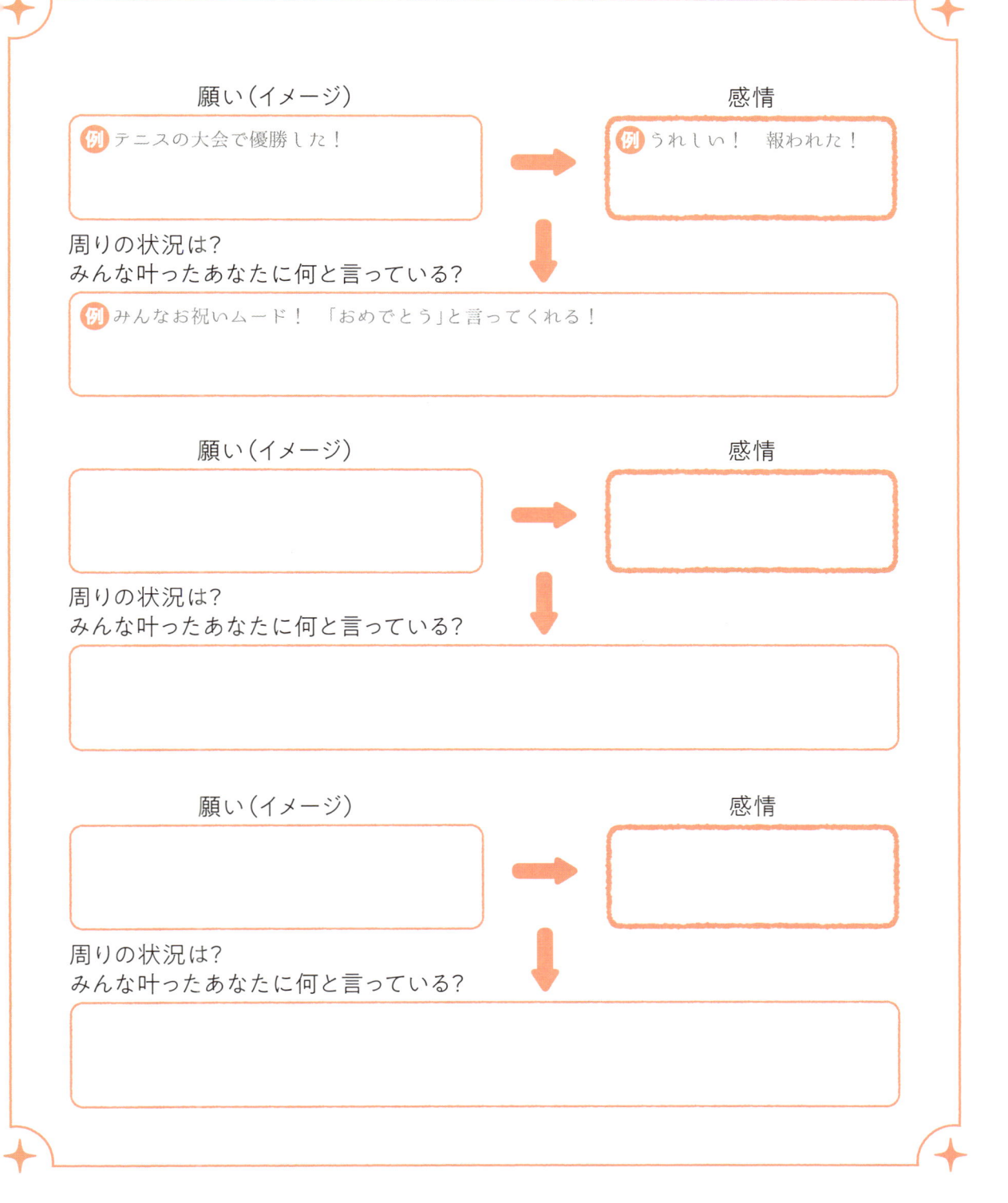

願い（イメージ）

例 テニスの大会で優勝した！

感情

例 うれしい！　報われた！

周りの状況は？
みんな叶ったあなたに何と言っている？

例 みんなお祝いムード！　「おめでとう」と言ってくれる！

願い（イメージ）

感情

周りの状況は？
みんな叶ったあなたに何と言っている？

願い（イメージ）

感情

周りの状況は？
みんな叶ったあなたに何と言っている？

願い（イメージ）

感情

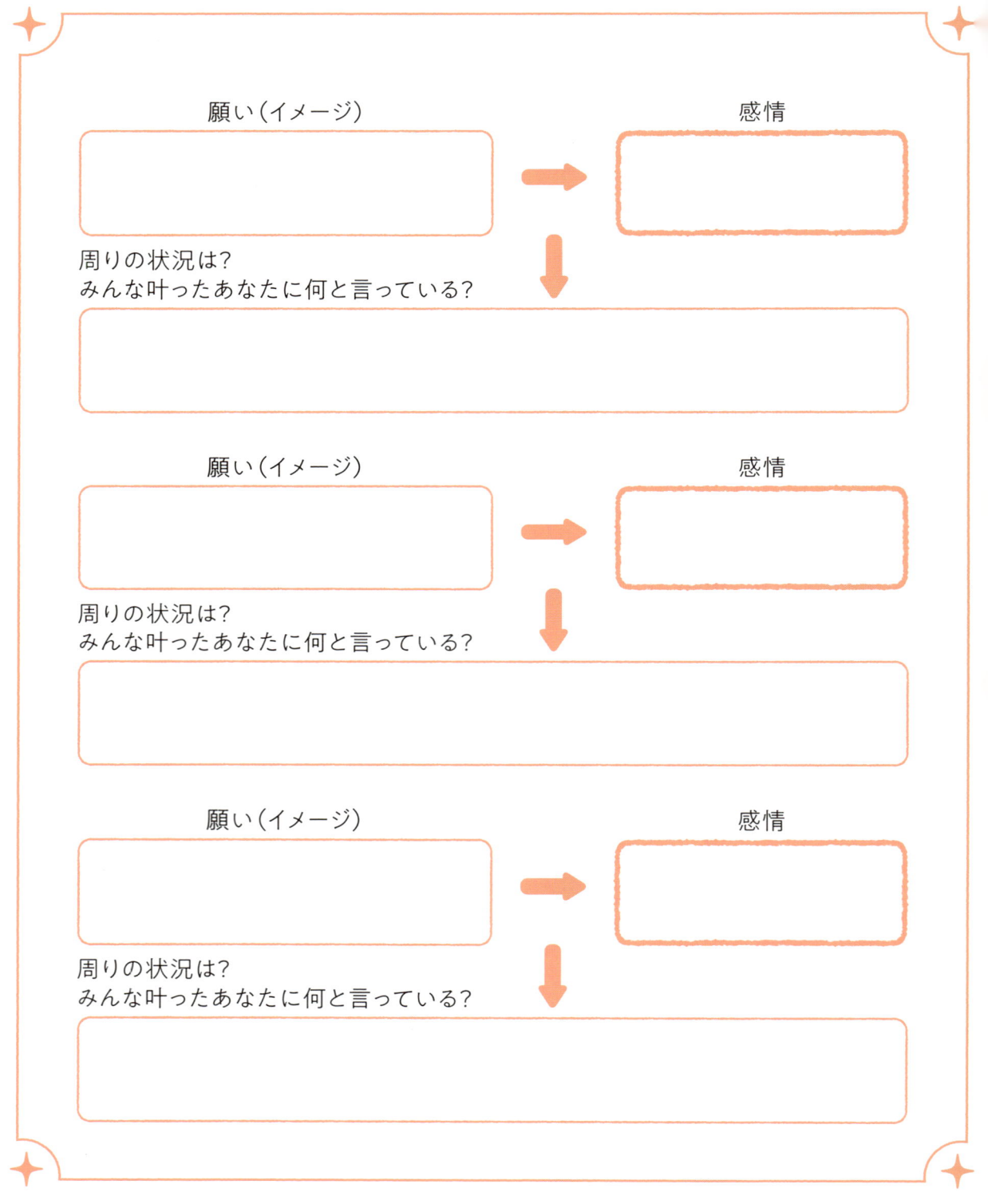

周りの状況は？
みんな叶ったあなたに何と言っている？

願い（イメージ）

感情

周りの状況は？
みんな叶ったあなたに何と言っている？

願い（イメージ）

感情

周りの状況は？
みんな叶ったあなたに何と言っている？

予祝をする日を決めよう

夢や理想を明確にしたら、それが実現できたことを
具体的にイメージし、お祝いの先取り、
"予祝"をしよう。
理想が叶ったことを、感謝の気持ちを込めて、
先に祝い、喜びを味わうことで、理想の未来が近づいてくる。

1年後の自分を臨場感たっぷりにイメージしてみよう

どんな服装?

どんな立ち居振る舞い?

誰といる?

年収は?

どんな場所にいる?

どんな香り?

あなたの周りの人は何と言っている?　自由に書いてね

1年後の自分から今のあなたへ

年　　月　　日

3年後の自分を臨場感たっぷりにイメージしてみよう

どんな服装?

どんな立ち居振る舞い?

誰といる?

年収は?

どんな場所にいる?

どんな香り?

あなたの周りの人は何と言っている?　自由に書いてね

3年後の自分から今のあなたへ

年　　月　　日

10年後の自分を臨場感たっぷりにイメージしてみよう

どんな服装?

どんな立ち居振る舞い?

誰といる?

年収は?

どんな場所にいる?

どんな香り?

あなたの周りの人は何と言っている?　自由に書いてね

10年後の自分から今のあなたへ

年　　月　　日

今の悩みを未来の自分に聞いてみよう

今、あなたが抱えている悩みも、未来の自分へと視座を上げることで
解決することはたくさんある。現実に囚われ目の前のことばかりに
追われていると、気づいたら悩みの沼にハマってしまうことも…。
足元ばかり見ていると、現在地から望む未来への道が分からなくなる。
だからこそ、視座を上げて、あなたの悩みを客観的に見ることが大事。
理想のあなたから今のあなたへアドバイスを伝えてあげよう。
未来のあなたが全ての答えを持っていることに気づくはず。

動画解説

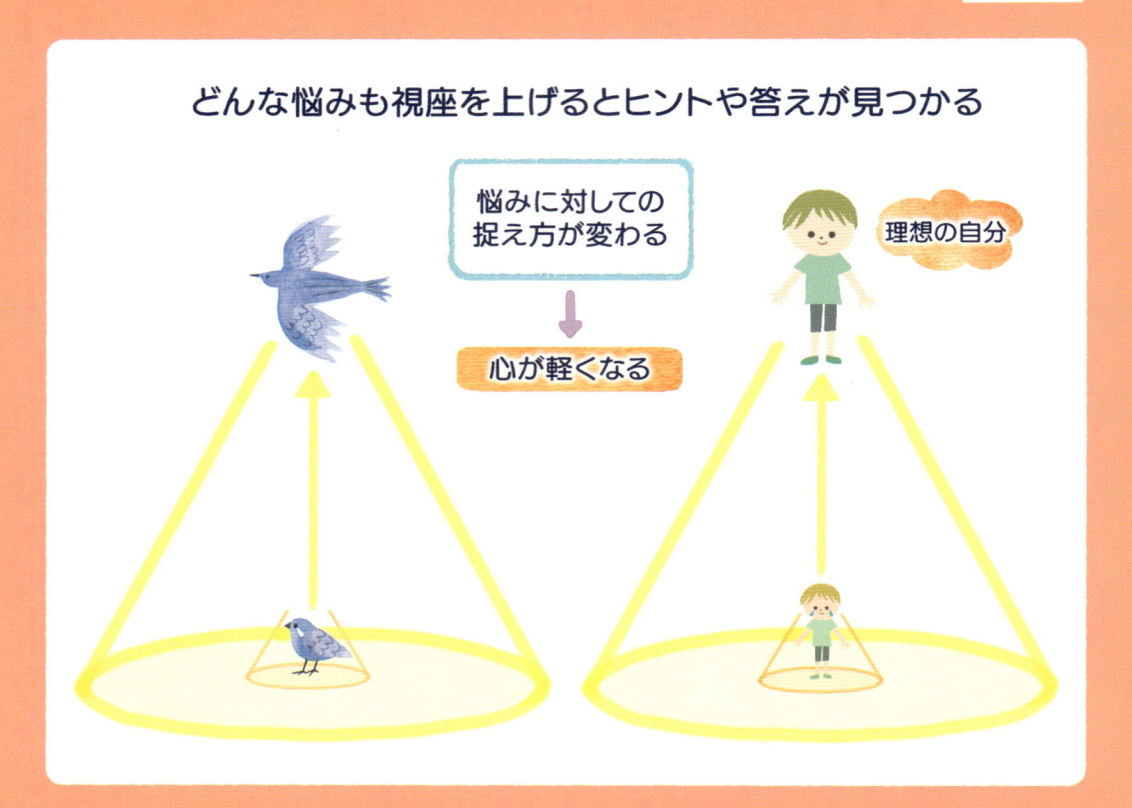

どんな悩みも視座を上げるとヒントや答えが見つかる

悩みに対しての
捉え方が変わる

↓

心が軽くなる

理想の自分

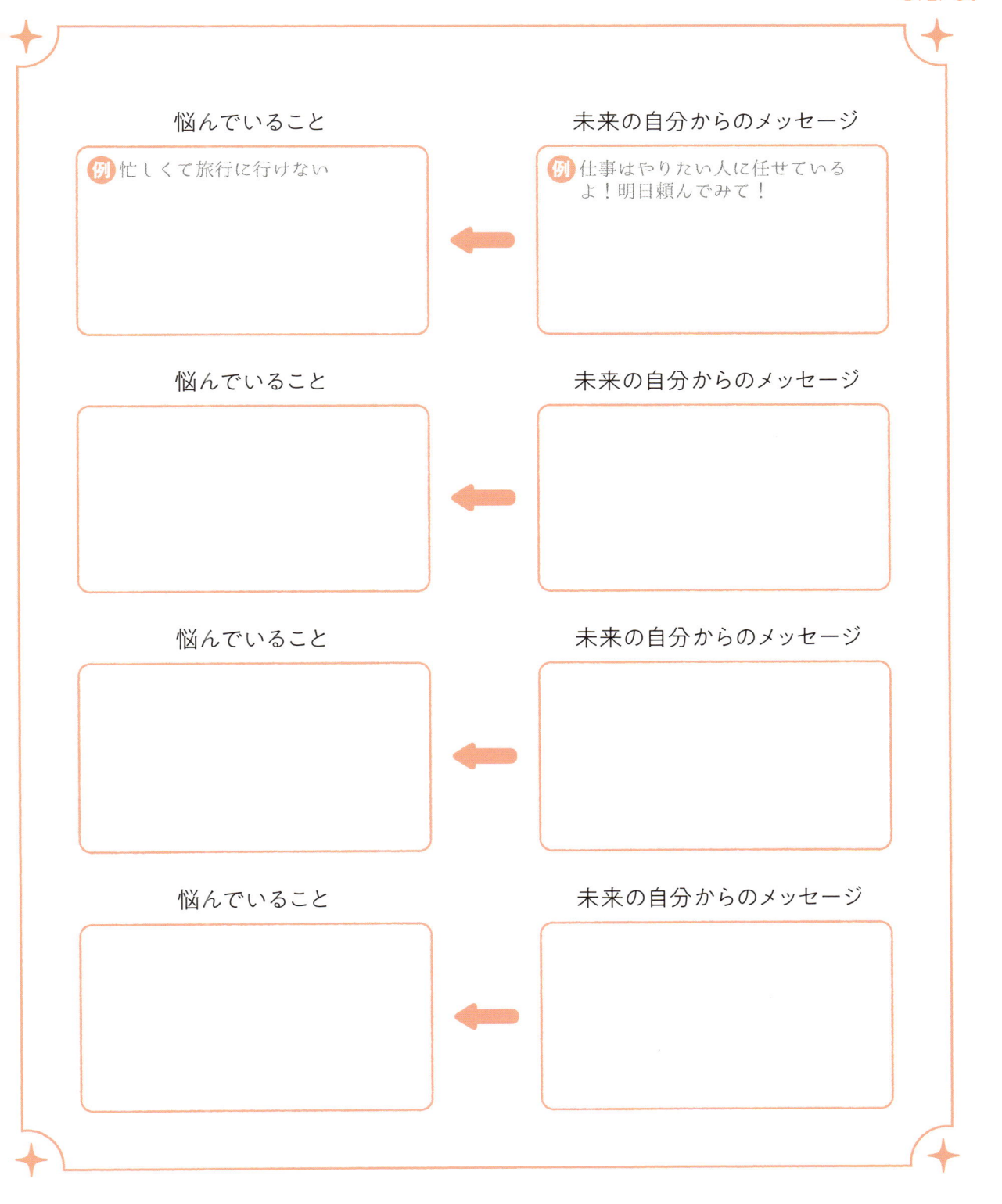

悩んでいること

例 忙しくて旅行に行けない

未来の自分からのメッセージ

例 仕事はやりたい人に任せているよ！明日頼んでみて！

悩んでいること

未来の自分からのメッセージ

悩んでいること

未来の自分からのメッセージ

悩んでいること

未来の自分からのメッセージ

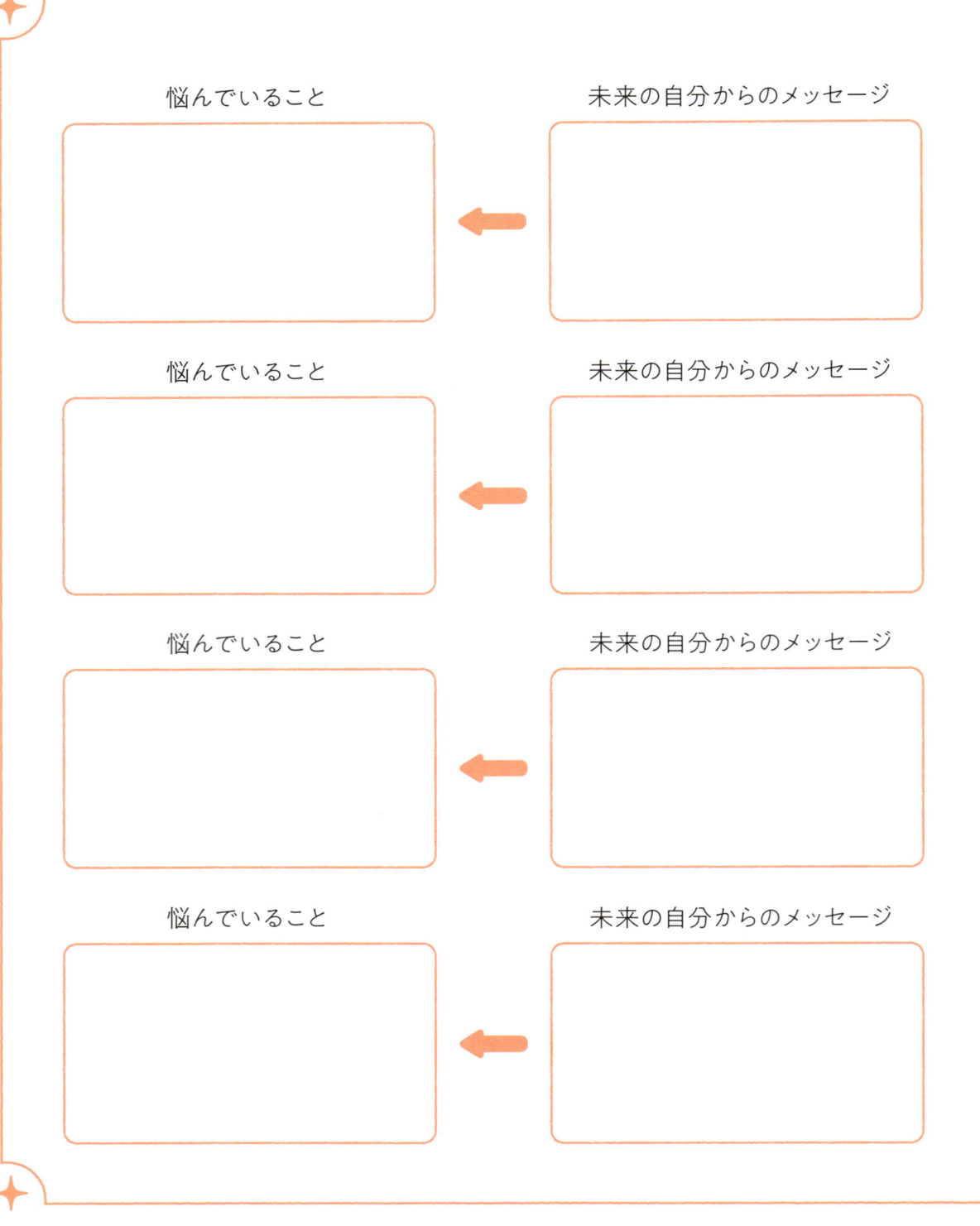

悩んでいること　　　　　　　　　　未来の自分からのメッセージ

悩んでいること　　　　　　　　　　未来の自分からのメッセージ

悩んでいること　　　　　　　　　　未来の自分からのメッセージ

悩んでいること　　　　　　　　　　未来の自分からのメッセージ

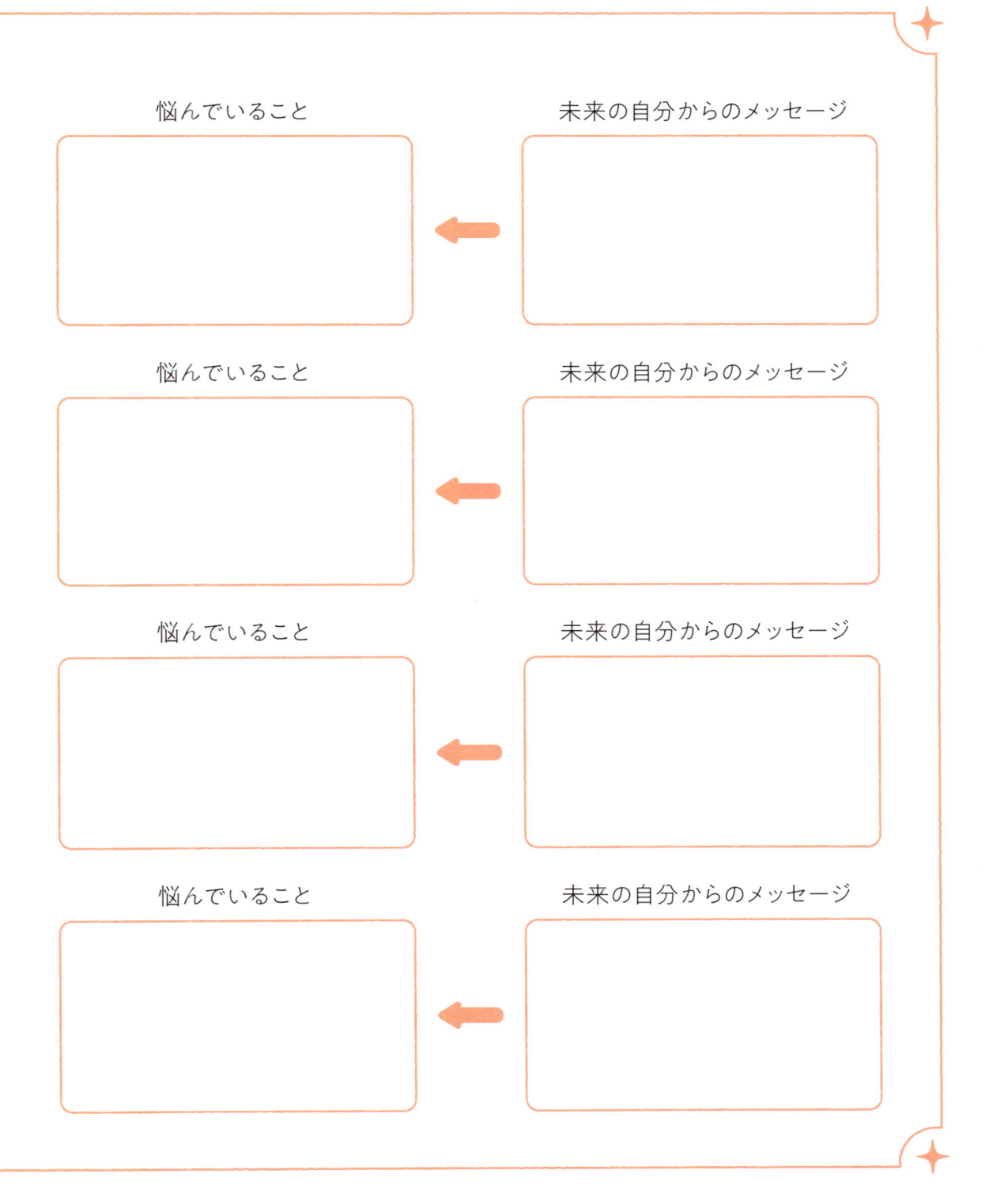

悩んでいること　　　　　　　　　　未来の自分からのメッセージ

悩んでいること　　　　　　　　　　未来の自分からのメッセージ

悩んでいること　　　　　　　　　　未来の自分からのメッセージ

悩んでいること　　　　　　　　　　未来の自分からのメッセージ

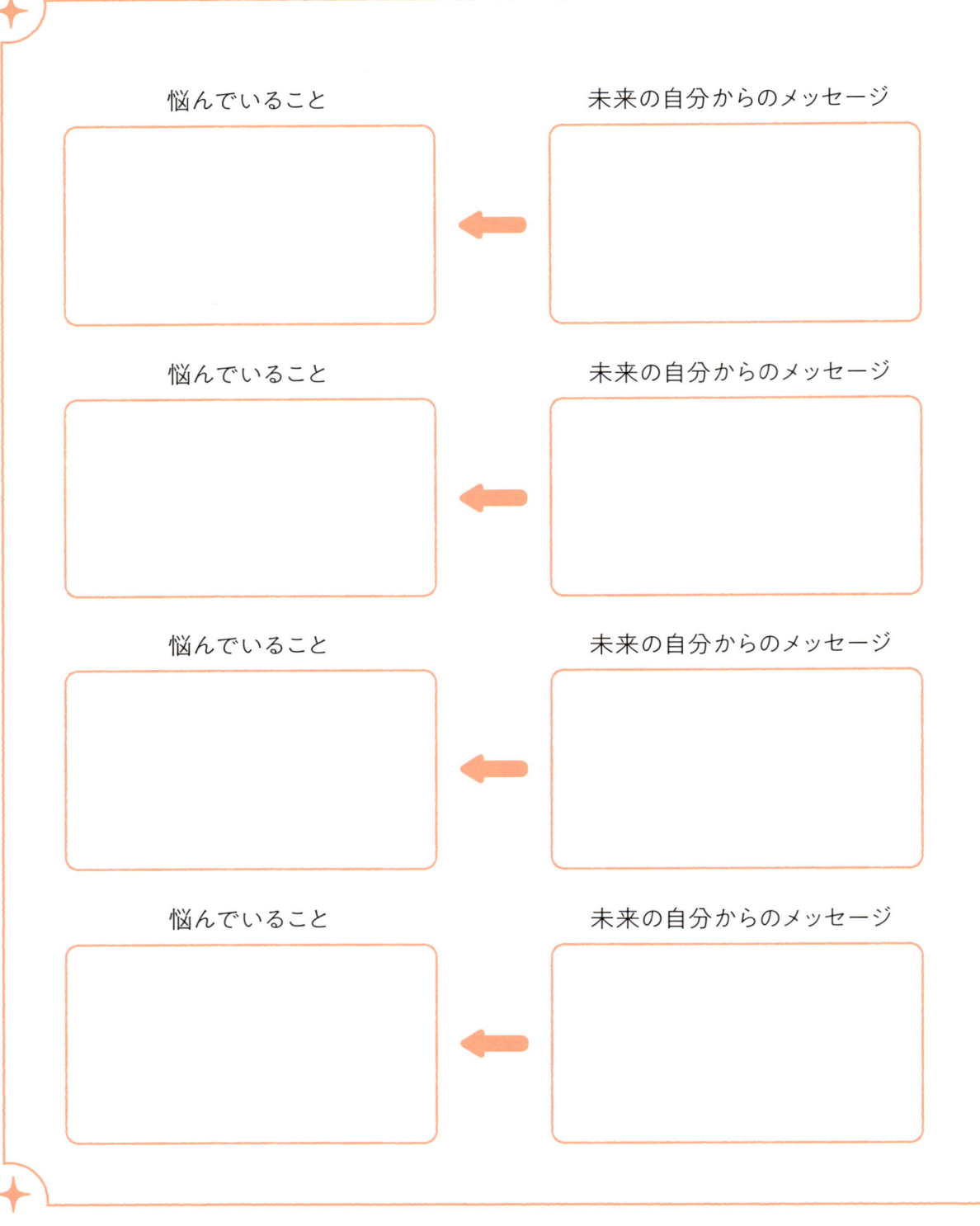

悩んでいること　　　　　　　未来の自分からのメッセージ

悩んでいること　　　　　　　未来の自分からのメッセージ

悩んでいること　　　　　　　未来の自分からのメッセージ

悩んでいること　　　　　　　未来の自分からのメッセージ

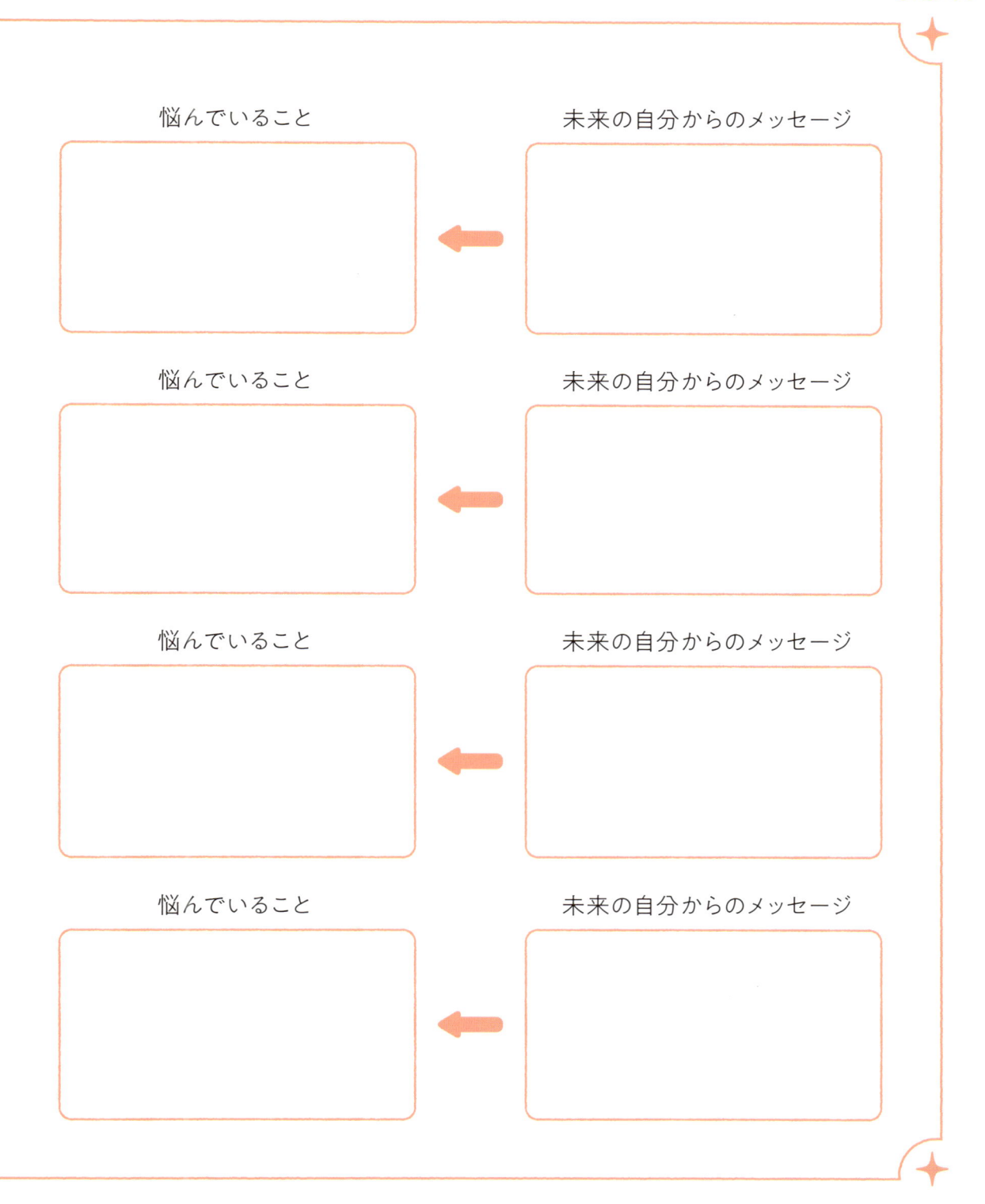

悩んでいること　　　　　　　　　　　未来の自分からのメッセージ

悩んでいること　　　　　　　　　　　未来の自分からのメッセージ

悩んでいること　　　　　　　　　　　未来の自分からのメッセージ

悩んでいること　　　　　　　　　　　未来の自分からのメッセージ

理想を叶えている人に会いに行こう

「山に登りたければ、登ったことのある人に登り方を聞いてみよう」
あなたの叶えたい理想を、すでに叶えている人のアドバイスを聞こう。
自分の人生を生きていない人ほど、あなたの夢を否定する傾向も…。
夢を叶え続けている人ほど、あなたの夢や理想を本気で応援してくれる。
そんな人がたった1人いるだけで、チャレンジすることも容易になる。
理想を叶えている人の価値観や、考え方に触れることで、
共振共鳴が起き、理想の自分へと近づいていく。

動画解説

誰といるか？　誰のアドバイスを聞くかが大事!!

あなたのことを心から
応援してくれる人を
たった1人でいいので探そう!

自分の夢を叶えている人は人の夢を否定しない

やったことのある人
あなたの理想を
叶えている人　〇

この景色
サイコーだよ!
登るの簡単だよ♪

やったことのない人
あなたの理想を
叶えていない人　✕

やめた方がいい!
お前はできない!

その人はどんな人?

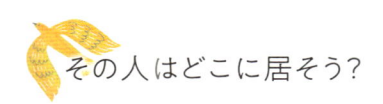 その人はどこに居そう?

その人のSNSは?
YouTube?　Instagram?
どんなことを発信している?

その人の口癖は?

どんな服装?　立ち居振る舞い?

どんな人と一緒にいる?

未来をより具体的に設定しよう

日付や数字で夢を明確にすることを「ピンを立てる」という。
「今すぐ！　絶対に！」という目先の結果を求めずに、
そうなったらうれしいな♪と軽やかに意図することが大事。
期日を決めたから「急いで頑張らなきゃ！」と焦る必要はない。
臨場感たっぷりにイメージしながらピンを立てよう！
その小さな決断で、あなたの意識や選択肢が変わり始め、
望む未来へ進んでいくよ。

動画解説

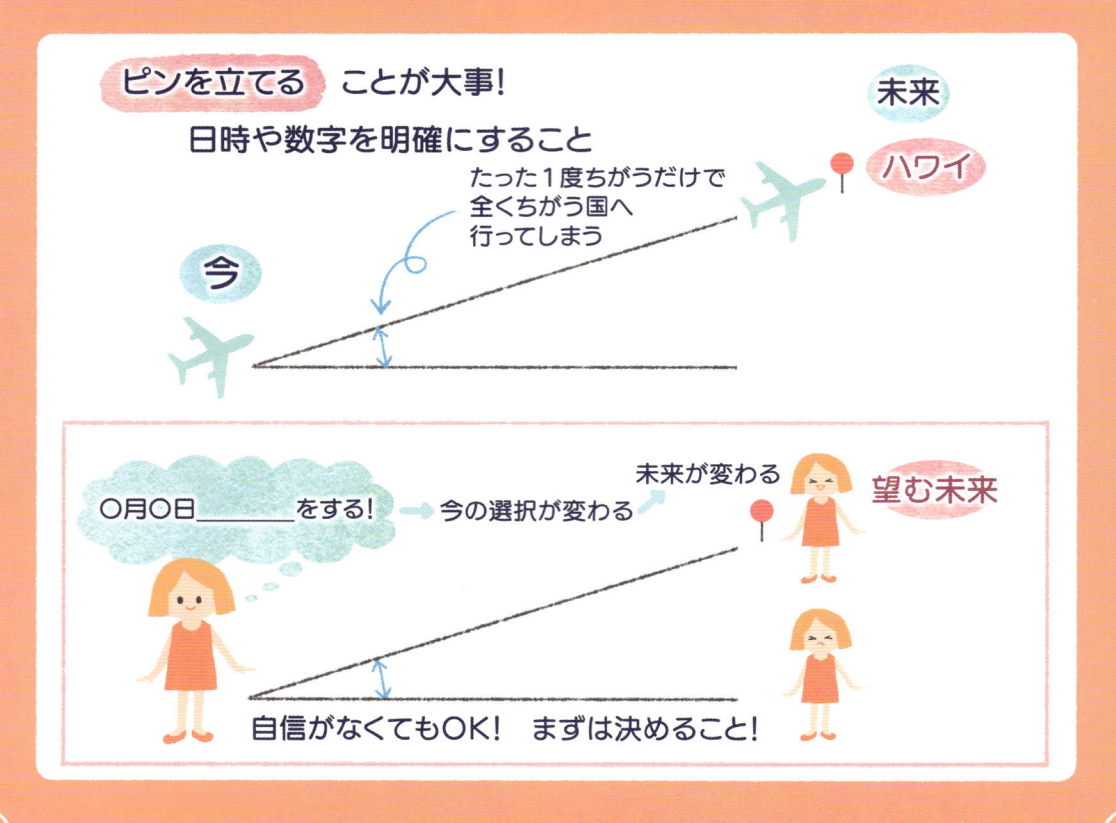

月日や数字（日時、収入など）を明確にしてピンを立てよう

 2024 年　12 月　31 日までに
会社を辞めて独立する

　　年　　月　　日までに

　　年　　月　　日までに

　　年　　月　　日までに

　　年　　月　　日までに

　　年　　月　　日までに

年　　月　　日までに

年　　月　　日までに

年　　月　　日までに

年　　月　　日までに

年　　月　　日までに

年　　月　　日までに

決める＝磁場ができる

➡ ベストなタイミングでご縁やお金・チャンスなどが巡ってくる

縁　お金　応援　時間　チャンス　応援　お金　お金　チャンス　縁

決めた瞬間から、全てが動き始まる。

未来を決めて、今できることをまずやってみよう。

望む未来へと大きく前進していくから。

「ヴィジョンボード」夢を描こう

ヴィジョンボードとは、夢や理想を引き寄せるツールの1つ。
行きたい場所、なりたい姿、叶えたい夢に近いシーンの
写真や雑誌を切り貼りして、あなたの夢を可視化しよう。
『百聞は一見にしかず』人は視覚が9割であり、
ヴィジョンボードを見れば見るほど、あなたの夢は自然と
潜在意識に刷り込まれ、その夢に近づいていく。

動画解説

VISION BOAD

VISION BOAD

VISION BOAD

『億万長者は占星術を信じないが、大富豪は活用する』

〜金融王のJPモルガンが遺した格言〜

“信じる”か“信じない”かではなく、

“活用する”か“活用しない”かだけである。

月の満ち欠けが潮の満ち引きに関係するように、

宇宙の星の配置と、地上で起こる出来事や現実は、

切っても切り離せない関係性である。

“星の動き”と“現実の動き”を意識し始めた時から、

あなたの人生の流れは大きく変わる。

STEP 05

新月・満月ワーク

新月・満月ワーク

世界中の古い医学書でも「地球上の生物は月に影響されている」と記載。
人体は60〜70％が水分でできているため、常に影響し合い、
月の引力と私たちは切っても切り離せない関係といわれている。
月のリズムを活用して生きることで、人生の流れに乗り、さらに望みも
叶いやすくなっていく。頑張ることを手放して、自然のサイクルに
乗ることを許可して、自分の人生に取り入れてみよう。

新月  新たなスタート

「新たな始まり」を意味し、新しいことを始めたり、決断するのに最
適といわれている。オーダーしたいことを"遠慮なく"種蒔きしよう

満月 手放し

今まで当たり前に思っていたことの見直しや、やめることを決める
など、新たなステージに行くために手放すタイミング。ゆったりと
自分と向き合う時間をつくることが大事な日。

書き方のポイント

- 過去完了形で「〇〇できました」などと書く
- 感情を感じ、味わいながら書く
- 新月・満月開始から48時間以内に書くと叶いやすい
- 浮かばなかったり書けなくてもOK！
- うまく書かなくてもいいので、遠慮せずに書こう

WORK

NewMoon

新たな決意や新しい何かをはじめる種蒔きのタイミング

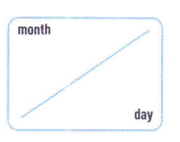

今月のテーマ
人間関係やコミュニケーションのこと

6月　6日新月の願い事

① 新しいコミュニティに入り、新しい友人ができました。

② 好きな人とゆっくりお茶することができました。

③ 自分に正直に生きることができました。

WORK

FullMoon

実りへの感謝、 次のステージへ向けた手放すことを決めるタイミング

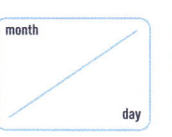

今月のテーマ
頑張ることを手放す

6月　22日満月の願い事

① 家族との時間を大事にするために、残業をやめました。

② 行きたくない飲み会に、無理に参加する自分を手放しました。

③ 1人で抱え込んで頑張ってしまうクセを手放しました。

4

動画解説

WORK

New Moon

新たな決意や新しい何かをはじめる種蒔きのタイミング

| month _____ / _____ day | 今月のテーマ |

月　　　日新月の願い事

1

2

3

4

5

6

7

8

9

10

WORK

FullMoon

実りへの感謝、 次のステージへ向けた手放すことを決めるタイミング

month	day

今月のテーマ

月　　　　日満月の願い事

1

2

3

4

5

6

7

8

9

10

WORK

New Moon

新たな決意や新しい何かをはじめる種蒔きのタイミング

month	day

今月のテーマ

月　　　　日新月の願い事

1

2

3

4

5

6

7

8

9

10

WORK

FullMoon

実りへの感謝、 次のステージへ向けた手放すことを決めるタイミング

month	
	day

今月のテーマ

月　　　日満月の願い事

1

2

3

4

5

6

7

8

9

10

WORK

NewMoon

新たな決意や新しい何かをはじめる種蒔きのタイミング

month / day	今月のテーマ

月　　　日新月の願い事

1

2

3

4

5

6

7

8

9

10

実りへの感謝、 次のステージへ向けた手放すことを決めるタイミング

month	今月のテーマ
day	

月　　　　日満月の願い事

1

2

3

4

5

6

7

8

9

10

WORK

NewMoon

新たな決意や新しい何かをはじめる種蒔きのタイミング

month
day

今月のテーマ

月　　　日新月の願い事

1

2

3

4

5

6

7

8

9

10

WORK

実りへの感謝、 次のステージへ向けた手放すことを決めるタイミング

month / day	今月のテーマ

月　　　　　日満月の願い事

1

2

3

4

5

6

7

8

9

10

WORK

New Moon

新たな決意や新しい何かをはじめる種蒔きのタイミング

month		day	今月のテーマ

月　　　　日新月の願い事

1

2

3

4

5

6

7

8

9

10

WORK

FullMoon

実りへの感謝、 次のステージへ向けた手放すことを決めるタイミング

month / day	今月のテーマ

月　　　日満月の願い事

1

2

3

4

5

6

7

8

9

10

WORK

NewMoon
新たな決意や新しい何かをはじめる種蒔きのタイミング

month		今月のテーマ
day		

月　　　日新月の願い事

1

2

3

4

5

6

7

8

9

10

WORK

FullMoon

実りへの感謝、 次のステージへ向けた手放すことを決めるタイミング

month	
/	day

今月のテーマ

月　　　日満月の願い事

1

2

3

4

5

6

7

8

9

10

WORK

NewMoon
新たな決意や新しい何かをはじめる種蒔きのタイミング

month / day	今月のテーマ

月　　　　日新月の願い事

1

2

3

4

5

6

7

8

9

10

WORK

FullMoon

実りへの感謝、 次のステージへ向けた手放すことを決めるタイミング

month		
		day

今月のテーマ

月　　　日満月の願い事

1

2

3

4

5

6

7

8

9

10

WORK

New Moon

新たな決意や新しい何かをはじめる種蒔きのタイミング

month		今月のテーマ
	day	

月　　　日新月の願い事

1

2

3

4

5

6

7

8

9

10

WORK

FullMoon

実りへの感謝、 次のステージへ向けた手放すことを決めるタイミング

month		day

今月のテーマ

月　　　日満月の願い事

1

2

3

4

5

6

7

8

9

10

WORK

NewMoon
新たな決意や新しい何かをはじめる種蒔きのタイミング

month			day

今月のテーマ

月　　　　日新月の願い事

1

2

3

4

5

6

7

8

9

10

WORK

FullMoon

実りへの感謝、 次のステージへ向けた手放すことを決めるタイミング

month /　day	今月のテーマ

月　　　日満月の願い事

1

2

3

4

5

6

7

8

9

10

WORK

New Moon

新たな決意や新しい何かをはじめる種蒔きのタイミング

month		今月のテーマ
	day	

月　　　日新月の願い事

1

2

3

4

5

6

7

8

9

10

WORK

FullMoon

実りへの感謝、 次のステージへ向けた手放すことを決めるタイミング

month

day

今月のテーマ

月　　　日満月の願い事

1

2

3

4

5

6

7

8

9

10

WORK

New Moon

新たな決意や新しい何かをはじめる種蒔きのタイミング

month / day

今月のテーマ

月　　　日新月の願い事

1

2

3

4

5

6

7

8

9

10

WORK

FullMoon

実りへの感謝、 次のステージへ向けた手放すことを決めるタイミング

month		day

今月のテーマ

月　　　　日満月の願い事

1

2

3

4

5

6

7

8

9

10

WORK

New Moon

新たな決意や新しい何かをはじめる種蒔きのタイミング

month	
	day

今月のテーマ

　　月　　　日新月の願い事

1

2

3

4

5

6

7

8

9

10

FullMoon

実りへの感謝、 次のステージへ向けた手放すことを決めるタイミング

month		今月のテーマ
day		

月　　　　日満月の願い事

1

2

3

4

5

6

7

8

9

10

深呼吸しながら

ゆっくりと全身の力を抜いて

目を閉じてください。

さぁ、未来の理想のあなたに

会いにいきましょう。

誘導瞑想

おわりに

『あなたは今日、何のために、誰のために生きてますか？』

人が心の底から幸せを感じるときは、
誰かの役に立てたとき、喜び合えたとき、
自分と他者を信じられているときかもしれません。

さらに、あなたが自分のことを本気で愛して、
自分と自分の人生を信じられているときこそ、
あなたは最高に輝いているでしょう。

「もう、誰とも争わなくていい。誰とも比べなくていい」

あなたというかけがえのない存在は、
世界中のどこを探してもいないのだから。

あなたはただ存在しているだけで、
誰かの幸せであり、誰かの生きる力になっているのです。

「もっと力を抜いていいんだよ」
「自分の想いをもっと表現していいんだよ」

心の声に耳を傾けて、関心を持ってあげてください。

そして、今までがんばってきた自分のことを
ギュッとハグをして『ありがとう』と
たくさん伝えてあげてください。

自分と繋がれば繋がるほど、
とてつもない安心感に包まれるでしょう。

『全てはうまくいってるから大丈夫』

これは私が一番苦しいときに、毎日唱えてた言葉です。

どんな現実も全てが必然で、
ベストなタイミングで起きているとしたら…。

どんな出来事も、全ては自分の捉え方次第。

必ず全てに意味があって、偶然というものは何一つとしてないのです。

あなたは1年前や3年前の悩みを覚えていますか？
きっと、今では笑い話になっているのでは。

つまり、今の悩みも1年後、3年後には
「あの時があったから今がある」と思える日が必ず来ます。

だから、どうか安心して今を過ごしてみてください。

私たちは必ず、天に還るときが来ます。

その時までに
あなたは、大事な人に何を伝えますか？

この世界に、何を残していきますか？

たった一度きりの人生、
後悔のないよう自分の人生を遊びつくして
どんどん自分を表現していきましょう。

不安や恐れを感じることがあったときは、
ゆっくり深呼吸して、「全てはうまくいっているから大丈夫」と
自分と自分の未来を信じてみてください。

My Noteは、あなたのことをサポートしてくれる御守りでもあり、
どんなあなたでも受け入れてくれる、最高のパートナーです。

だからもうこれからは、あなたの思い描く幸せな人生を、
楽しみながら歩んでいってください。

最後に…

このMy Noteに出逢ってくれてありがとうございます。
そして、携わってくださった皆様に心からの感謝を込めて…

YURI

水の波紋のように「はじめの一滴」はあなた自身。

全ての現象は外からではなく、あなたから始まっている。

周りを幸せにすることも大事だけど、

自分が後回しになってない？

あなた自身がまず幸せになることで、

あなたの大事な人も、その周りの人も幸せになっていく。

つまり、あなたから全てが伝播していく。

あなたが幸せに生きることが、周りの人の幸せにも繋がる。

あなたの大事な人が悲しんでいたら、あなたも悲しくなり、

あなたの大事な人が幸せなら、あなたも幸せなはず。

だからこそ『まずはあなたが幸せに生きる』と決めよう。

Dear _____

From _____

Date _____

あなたとあなたの大事な人の写真を貼ってね

profile

YURI（結梨嘉望）

世界を繋ぐニューリーダー
株式会社Lily's代表取締役社長
国内、海外含め6社のオーナー兼経営者

夫の突然の他界により、3人の子どもと借金1400万円を抱えるシングルマザーに。そこからわずか2年でSNS総フォロワー5万人以上となり、5000人以上のママを中心とした女性のコミュニティを持つプロデューサーとして活躍中。

現在はシングルマザーの雇用支援を行いながら、国内女性向けオンラインスクールを経営。さらに韓国やシンガポールなど6社のオーナー兼経営者として活動中。2043年までに世界中の女性や子どもが活躍できる会社を200社設立予定。

また、アフリカ圏の学校を支援し、2023年にはスリランカに100人、エジプトに200人近くの日本人ツアーを組むなど、日本人初の大規模なイベントを主催。世界平和を掲げ、各国の大臣たちと交流を重ねながら、世界中を飛び回り『世界を繋ぐニューリーダー』と呼ばれるように。

日本国内だけでなく、世界各国の政府や講演会に呼ばれるなど、「誰でもいつからでも、どんな状況でも人生を変えられる」ことを発信し続けている。

My Note
奇跡が起きる魔法のワーク

2024年9月30日　第1版第1刷発行
2024年12月20日　　　　第4刷発行

著　者	YURI（結梨嘉望）
編　集	木村 真奈実／木島 豪／茂木 郁弥／白土 範子
イラスト	藤井 由美子
校　正	野崎 清春
デザイン	小粥 桂

発行者	大森 浩司
発行所	株式会社ヴォイス　出版事業部
	〒106-0031 東京都港区西麻布 3-24-17 広瀬ビル
	☎03-5474-5777（代表）
	📠03-5411-1939
	www.voice-inc.co.jp

印刷・製本	株式会社シナノパブリッシングプレス